U0111824

大展好書　好書大展
品嘗好書　冠群可期

大展好書　好書大展
品嘗好書　冠群可期

武術秘本圖解 9

少林拳術精義

原著　張大用　祝文瀾

整理　三武組

大展出版社有限公司

三武挖整組
（排名不分先後）

【組長】

　高翔

【寫作組】

高　飛	鄧方華	閻　彬	余　鶴
景樂強	董國興	陳　鋼	范超強
趙義強	謝靜超	梁海龍	郭佩佩
趙愛民	黃守獻	殷建偉	黃婷婷
甘　泉	侯　雯	景海飛	王松峰

【繪圖組】

高　紳	黃冠杰	劉　凱	朱衍霖
黃　澳	凌　召	潘祝超	徐　濤
李貢群	李　劍		

目　錄

序　覽

【易筋經義序】

　　元魏孝明帝正光年間，達摩大師自梁適魏，面壁於嵩山少林寺。（圖1）

圖1　達摩面壁圖

一日，謂眾徒曰：「盍各言所知，以觀造詣。」
眾乃各陳進修。

師曰：「某得吾皮，某得吾肉，某得吾骨，唯慧
可獨得吾髓。」其後人漫解之，以為譬入道之深淺
耳，蓋不知其有所指，非喻言也。

迨九年功畢，示化，葬熊耳山，却乃攜隻履西
歸。後面壁處，碑砌壞於風雨，寺僧修葺之，得一鐵
函，無封鎖，有合縫，而百計不能開。

一僧悟曰：「是必膠漆所固也，宜以火。」函遂
開，乃熔蠟滿而四著故也。中藏二帙，一曰《洗髓
經》，一曰《易筋經》。

洗髓者，謂人生於愛感於欲，一落有形，悉皆滓
穢。欲修佛諦，動障真如，五臟六腑、四肢百骸必先
一一洗淨，純見清虛，方可進修，入佛智地。不由此
徑進修，無基、無有是處。讀至此，然後知，何之謂
「得髓者」，蓋以此也。

易筋者，謂骨髓之外、皮肉之中，莫非筋連絡，
周身通行氣血。凡屬後天，皆其提挈，寢服修真，非
其贊襄，立見靡頹，視作泛常，曷臻極至？舍是不
為，進修無力，無有是處。讀至此，然後知所謂得
皮、得肉者，蓋以此也。

《洗髓經》帙歸於慧可，附之衣鉢，共作秘傳，

圖2　慧可洗髓圖

世人罕見。（圖2）

　　唯《易筋經》，留鎮少林，以永師德。

　　第其經字，皆天竺文，少林僧亦不能悉通，間有
譯得十之二三或四五者，復無至人口傳祕密，遂各逞
己意，演而習文，竟趨旁徑，落於技藝，失修真之正
旨。至今，少林僧眾僅以角技擅名，是得此經之一斑
也。

　　眾中一僧，志識超絕，念唯達摩大師既留聖經，

圖3　少林僧訪般刺密諦

寧唯小道？今不能譯，當有能譯者。乃懷經遠訪，遍歷名山。抵蜀，登峨眉，得晤西竺僧般刺密諦，言及此經，遂陳所志。

聖僧曰：「聖祖心傳，基先於此。然而，經不可譯，佛語淵奧也；經義可譯，通凡達聖也。」密諦感其意，為一一指示，詳譯其義。止僧於山，提挈謂金剛堅固地。馴此入佛智慧地，洵為有基矣。僧志堅精，不落事務，得隨聖僧化遊淨域，不知所之。（圖3）

圖4　徐源客海外遇神僧

　　後徐鴻客遇之
海外，得其密諦。
（圖4）

　　授之虬髯客張
仲堅，仲堅授於
吾。（圖5）。

圖5　虬髯客贈書李靖

是書經密諦翻譯，非達摩原經。然文雖異，而旨則真，語不奧，而義易明，故謂之《易筋經義》。嘗試行之，輒護奇效，始信仙聖真傳，必無虛妄也。

惜乎！未得洗髓之秘，不能遊觀佛境；又以立意不堅，不能如僧之不落世務，乃僅借六花小技，以博勛閥，終懷愧歉耳！

然即此妙義，世亦罕聞，故謹序其由，俾人知巔末，企望學者，務期金剛上乘，切勿效區區作人間事業也。若能借此為基，一心大道，始不負達摩大師留經之意，亦不負吾流傳經義之意也。若曰神勇足以應世，則古之力聞者多多矣，奚足錄哉！

───貞觀二年三月，三原李靖藥師甫序

【少林拳術精義神勇序】

余，武人也，目不識丁字，好弄長槍大劍，盤馬彎弓以為樂。值中原淪喪，二帝北狩，泥馬渡河，江南多事。余乃應吾元帥岳少保之募，署為裨將，屢上戰功為大將。轉瞬流光，倐如逝水。

憶昔奉少保之令出征，旋師還鄂。途中遇一遊僧，狀貌奇古，手持一函入行營，囑吾致少保。（圖6）。

圖6　神僧見牛臬

　　叩其故，僧曰：「將軍知少保有神力乎？」曰：
「不知也！但見吾少保能挽百石神弓，嘗以為非人所
及耳。」（圖7）。

　　僧曰：「少保神力天賦者歟？」曰：「然！」

　　僧曰：「非也！吾授之耳。少保少從學於吾。神
力功成，吾囑其相隨入道。不能從，而志在人間勛
業。名雖成，志難竟，天也！運也！命也！奈若何？

圖7　岳飛開硬弓圖

今將及矣！亟致此函，或能反省獲免耳。」吾聞言，不勝悚異。詢名號，不答；詢所之？曰：「將西訪達摩。」飄然竟去。

少保得函，讀之泣下，曰：「吾師神僧也！不吾待，吾其已矣。」因出一　付吾，囑曰：「好掌此冊，擇人而授，勿使進道法門終絕，而負神僧也。」未幾，少保為奸人所構。

吾心傷少保，冤憤莫伸，視功名真糞土，無復人間想矣。念少保之囑，不忍負恨。武人無巨識，不知斯世誰可授者？擇人既難，妄傳無益。今將此冊傳之嵩山石壁中，所有緣者自得之，以衍進道法門。庶免吾妄傳之咎，或可對少保之在天耳！

————紹興十二年，故少保鄂鎮大元帥麾下宏毅將軍湯陰牛皋鶴九甫序。

【少林拳術精義跋】

吾讀《易筋經義》，因悟世之緇黃兩家，學者多於牛毛，成者罕於麟角，非道之難得也。蓋內無承受之基，遂無勇往之力，以致或作或輟，或稍得復失，或優柔不奮。在禪家則有入魔之虞；宗門則有迷誤之虞；金丹則有失守之虞；清靜則有枯涸之虞；泥水則有逆鼎之虞；導引則有倦廢之虞；服食則有燥烈之虞。皆因缺此一段作基功夫，難為載道之器耳。

若先習此功，植其根基，安在不入仙佛之域哉！況引而申之，不論士農工商，若有此基，俱堪任重道遠，以成其業。而且，病者得之而安；怯者得之而強；外侮聞之而懾；乏詞得之而延；老者得之而康壯；少者得之純粹以精；女紅得之勤而不怠。是舉天

地間，人人當習之功，以是知達摩大師所云：「基此作佛之語」，豈不信然哉！

是功不練不成，一練即成，小練小成，大練大成，有益無咎，有利無弊。吾不知人世間復有何利益足以比此，復有何妙義足以加此也。是在知之者好之樂之，以求至乎其極，不負古人留經詳義之意耳。或問行功之要，曰智仁勇，又曰端專恒而已矣！

———天啓四年歲次甲於三月，天台紫凝道人宗衡跋

【輯合少林拳術精義序】

是書舊有家藏本，云是金閶名師張大用所留。

張為一時技擊之雄，名列天下十八名師中第三手。探手能拈翔燕，志其左右爪之尖，十不失一。騰身取遊空之蜻蜓，翅足無損。手不畏刀斧，視尋常鋒利如枯朽物。間弄器杖，疾於颶輪閃電，滿堂獵獵風生。（圖8）。

然不輕試其技，暇多默坐，好觀史鑒等書。作書恒以左手，問之云：「右手太便著力，時恐筆桿裂碎耳。」為人持重寡言，笑而溫厚謙和，不形精悍之色，足跡半天下。

圖8　張大用飛身捉鳥圖

　　瀾先伯父鶴一公，少時好客，張嘗來遊，留止八
灶老屋之懷德堂。人未嘗有敢與角技，或有誠心求教
者，則誨之不倦。時同客有洪卿雲者，新安人，勇力
絕倫，而少年自恃，有所凌轢。

　　堂叔寶傳心嫉之，因激洪，而使遷怒於張。時張
倚柱而立，洪出不意拳張，環坐多人，俱未見張舉
手，而洪已跌去及丈餘。（圖9）。

圖9　張大用跌發洪卿雲圖

　　張微笑倚柱自若，洪既起立，不解其跌之之由，因心折張，拜為弟子，且自是頓改舊習矣。後年餘，張與俱去。先君子及同堂伯叔多與張遊，因得其所留書，遺至於今。間嘗取玩，而覺其立論之精妙，張誠得力於此，宜其技之神矣。

　　而初不知其中猶有未全也。甲戌之秋（按：即清代嘉慶年間的甲戌年），在妹婿姚瀛三齋，撿故紙

堆，得一冊正是此經，較家藏本多吐納、內功、動靜二功、湯藥方共六段。而序文二篇、總論四段、後跋，則藏本有，而姚本悉無。且其次序錯亂，字句脫誤，以故融處或迷，殊難繹其端緒，携歸參考。

緣藏本諸論精確，原委詳明，乃得識其次第，齊其異同，證其訛誤，校仇之際，因悟張之缺此數段者，蓋慎重其道，留以口授耳。遂合而輯之，竟成全書，幸何如也。

夫使張公口授有傳，則所留本無不全，其不大善？然使不留，或留亦多錯，雖得姚本，又安所參考耶！則是編之得成全書者，實張公之惠也。故序輯合之由，而以所聞於父兄者，詳記其人云。

———嘉慶二十年歲次乙亥二月，祝文瀾謹

【《俠談》節錄】

清・陸士諤

技擊之盛，以清乾隆時為最，當時天下十八名師，南中居其九，甘鳳池為之首。甘之事，婦孺皆知，不必述。

吾所聞金閶名師張大用，名列十八名師中第三

手。張得少林嫡派真傳，其技超群逸倫：探手能拈翔燕，志其左右足爪之尖，十不失一；騰身取遊空之蜻蜓，翅足無損；手不畏刀斧，視尋常鋒利如枯朽物；酒酣耳熱，間弄器仗，疾於颶輪閃電，滿堂獵獵風生。然不輕試其技。

時吳江名醫徐靈胎，以好客聞江湖，其洞溪別墅中，談兵說劍之流常滿座。客有黃時者，北方之也，孔武有力，且精拳技，自負其能，隻身南遊，欲與第一名師甘鳳池較，思駕甘而上之。會甘他適，暫客洞溪，蓋有待也。

靈胎晨興偶步，聞汲水聲自園中出，怪曰：「園中太平井，夙戒僮輩勿汲，誰違吾命者？」趨之，則見一人方俯井汲，旁無桶勺之屬，其人頗不累僮僕，因呼之曰：「誰汲吾太平水？」其人回頭，則黃時也。

駭問客何為？黃曰：「僕做朝課，不意為主人所見，練習此拳已二十載。」徐曰：「君且做課，余欲一覘絕技也。」

黃聞言，即伸臂入井，作抓拿狀，陡見井泉怒涌，白沫上噴，幾欲溢出井外。

徐大駭，問此技從何做起。黃曰：「大難大難，為之非一日也。吾初習此技，師以油燈一盞，令向火

揮拳，拳風扇火，搖搖欲滅。燈滅則加芯焉，由一莖草漸加至七莖草。拳至火滅，始令易火為水，汲水一桶拳之，未及水即收往。初僅桶水微波，繼而水湧漸猛，至一拳下擊，水中一洞貫底，始易向井揮拳。初僅井泉微動，繼而激動漸甚，至井泉一洞貫底，始易抓水上涌，勤行不怠，二十年如一日。」徐贊曰絕技也，尋丈外飛鳥，遇君無能免矣，黃微笑。

越日，張大用來訪。徐、張本舊相識，歡敘方濃，黃時突入，乘張不備，奮拳擊其後，徐瞥見駭絕，思起排解已不及。至此千鈞一髮間，有聲訇然，一人仆尋丈外。視之黃也，肱傷矣。張則談笑自如，滿堂賓客，未見其動手也。

眾扶黃起。黃長跪張前，願折節為弟子，張笑曰：「吾宗以退讓為主，子豪氣未除，何可收也？」黃崩角（注：指叩頭）稱知罪，且誓收過。張掖之起，先為醫肱，一舉手而肱癒矣。因訊以何事南下，黃具述所以，張曰：「甘師拳技，勝餘十倍，汝幸遇吾，倘遇甘師，殘廢一生矣。」黃舌撟不能下，遂從張習藝，終身自視欿然矣。

靈胎因之大悟。方徐學醫初成，非薄時賢，目空一世，時蘇州葉天士負盛名，徐特賃屋葉宅對門，榜曰「吳江徐某，善視葉天士回絕各症」。狂氣逼人，

葉則目笑存之。及是大悔，窮研傷寒類方等醫術八種，成為一代名醫。

　　陸士諤曰：「昔人觀舞劍，因悟作草，若徐洄溪者，可謂善悟矣！」

第一章

伏氣圖說

【行功注意事項】

1. 吞氣最為行功緊要！吞氣與練氣不同，練氣不得法，多有痰壅火滯之患；此則至簡至易，毫無流弊。凡吞氣須正立平視，將口張大，自有本身真氣在內，微吸吞下，如吃茶之狀。初吞無聲；久則有聲，可以直至丹田，引火歸原。張口時不可太小，小則有風吸入，風能傷人。

2. 行功宜避疾風、暴雨、雷電，類皆天地之怒氣。又忌污穢不正之氣，宜在高爽明淨室中，不可擋風。

3. 每日卯、午、酉三時，行功三次，不可間斷。或因有事耽延，即以初起空腹先行卯功，中飯前為午功，日入時為酉功。或以初起臨臥之時為卯酉功，其中間一次隨時皆可。總以空腹行之，氣則流通，飽則

氣滯，轉致有傷。圖中六十四勢，不過二刻俱可行完，並不為難。

4. 吞氣時頭不可仰，仰則火上升；亦不可俯，俯則氣下陷。若遇疲乏時，一行功精神即時爽健。

5. 行功時無論有病無病，皆不宜服藥，反足滯氣；雖風癆、鼓膈等症，行功之後無不痊癒。每日行功必須三次；若只行兩次，或多行四次，皆不相宜。行功時不可用力，總要出於自然。

6. 行功之初宜戒酒色，三月後可以不忌。如身體虛弱之人，酒色必須戒絕。

7. 此功婦女、老人、幼孩皆可行。婦女行之可以終身無難產之患，臂力勇健與男子同；老人可與少壯無異。

【行功方法】

初行平和架，共吞氣七口。十日加武功頭勢，左右一遍，吞氣六口，計武功頭勢三遍，共吞氣十八口。又過十日加伏膝勢左右各三遍，共吞氣六口。

改平和架中之望月勢為撈月勢，除去前舒氣勢。又過十日加站消勢，左右各一遍，吞氣六口。共八十日，共吞氣積四十九口，然後行打功。

第一節 平和架

一、騎馬勢

平身正立，兩足離開，與兩肩一般寬窄；兩手掌朝上平攤，與腰相平，不可靠實。（圖1-1～圖1-3）

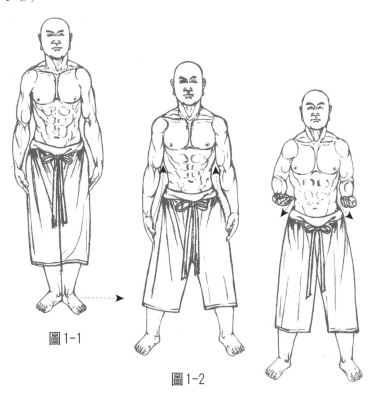

圖1-1

圖1-2

圖1-3

圖1-4

二、騎馬勢

承上勢。兩手翻轉，手背朝上，仍與腰平。（圖1-4）

三、騎馬勢

承上勢。兩手從旁平摩，作一圓圈，如摩頂之狀。（圖1-5～圖1-7）

四、騎馬勢

承上勢。兩手向前伸直，手心向前，十指朝上，高下與乳平，吞氣一口，略定片刻，約三呼吸。凡吞氣後，目平視。無論上下左右皆以三呼吸為率。（圖1-8、圖1-9）

圖1-5

圖1-6

圖1-7

圖1-8

圖1-9

五、騎馬勢

左足橫開一步，左膝屈，左腳斜，右腿直，右腳亦直。左手叉在大腿面上，大指向後；右手由耳後繞下，五指捏攏，指尖向後作雕手。（圖1-10～圖1-14）

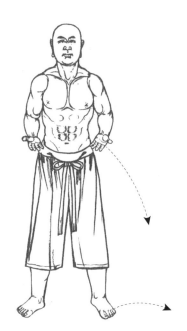

圖1-10

圖1-11　　　　　圖1-12

圖 1-13

圖 1-14

六、望月勢

　　承上勢。舉起左手，與目相平，五指虛攢，微仰手心，中空可容茶杯蓋。先以目視左手高低，轉回正面，吞氣一口；復轉頭，左視左手大指、食指之間。（圖1-15、圖1-16）

圖1-15

圖1-16

圖1-17

右亦相同。（圖
1-17～圖1-24）

左右各三次，共
吞氣六口。

圖 1-18

圖 1-19

圖 1-20

圖1-21

圖1-22

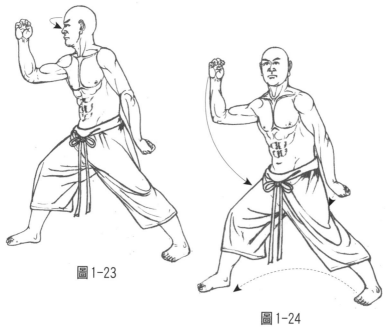

圖1-23

圖1-24

七、舒氣勢

此與騎馬勢初勢相似，但仰掌平攤。（圖
1-25、圖1-26）

八、舒氣勢

承上勢。將兩掌反轉推直，與騎馬四勢相似，不
吞氣。（圖1-27）

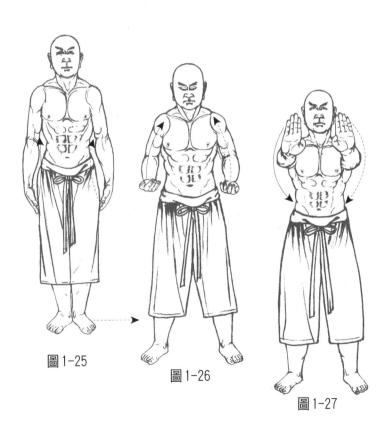

圖1-25

圖1-26

圖1-27

圖1-28　　　　　　圖1-29

然後，收勢。（圖1-28、圖1-29）

第二節　武功頭

一、初　勢

左足屈，右足直，左手叉在大腿面上，大指向前，右手由右繞下作雕手，正面吞氣一口，轉頭左視。（圖1-30～圖1-34）

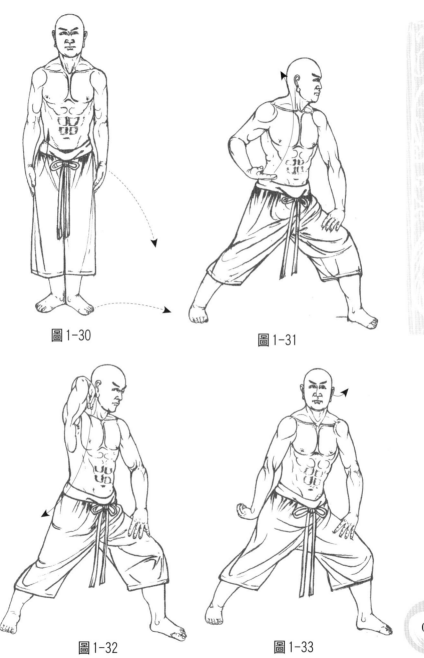

圖1-30

圖1-31

圖1-32

圖1-33

圖1-34

圖1-35

二、二 勢

　　承上勢。將叉腿之左手向左伸直，手背朝上。
（圖1-35）

三、二　勢

承上勢。隨勢將手收回平胸，又伸直又收回，來回兩次。（圖1-36）

四、二　勢

承上勢。將平胸之手一轉，大指在上，四指在下，掌心對胸，吞氣一口。（圖1-37）

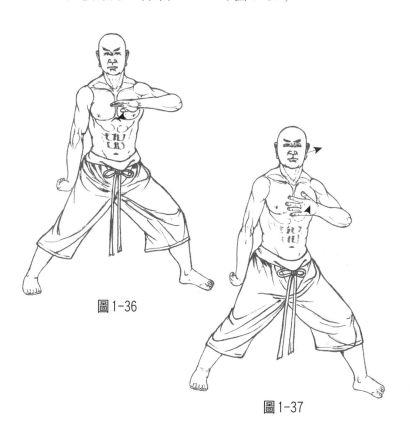

圖1-36

圖1-37

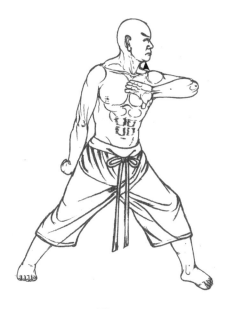

圖1-38

五、二 勢

承上勢。又將手一轉，大指在下，中指在上，轉
頭左視。（圖1-38）

六、三 勢

承上勢。將對胸之手由耳後仰掌，向左伸出。
（圖1-39、圖1-40）

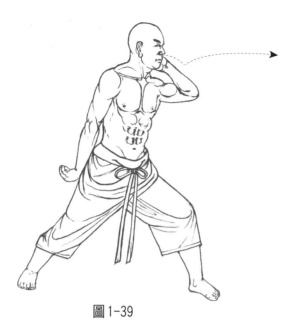

圖1-39

圖1-40

七、三 勢

承上勢。隨勢由耳後收回，握拳平胸，手背向上，吞氣一口，轉頭左視。（圖1-41～圖1-43）

圖1-41

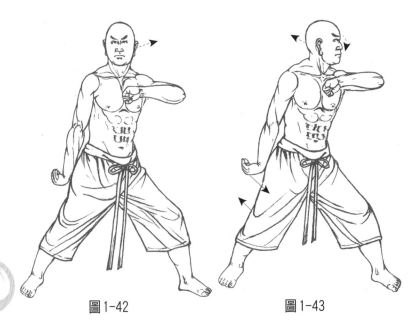

圖1-42   圖1-43

右亦相同。（圖
1-44～圖1-56）

圖1-44

圖1-45

圖1-46

圖1-47

圖1-48

圖1-49

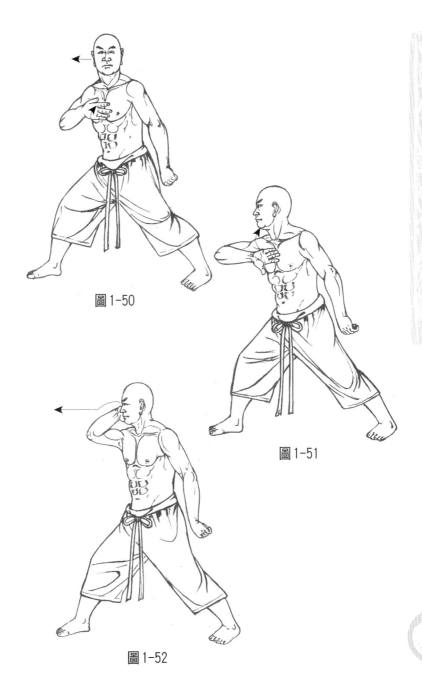

圖1-50

圖1-51

圖1-52

圖1-53

圖1-54

圖1-55

圖1-56

左右各三次，共吞氣十八口。

然後收勢。（圖1-57）

圖1-57

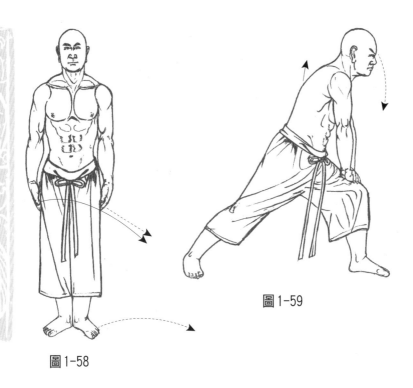

圖1-59

圖1-58

第三節　伏　膝　勢

1. 左足屈，右足直，右手按在左腿上，離膝蓋二寸餘，左手加在右手上。（圖1-58、圖1-59）

2. 身側而俯，面向左，吞氣一口。背拱項直，眼下視足尖前六寸許。（圖1-60）

3. 右亦相同。（圖1-61、圖1-62）

左右各三次，共吞氣六口。

然後收勢。（圖1-63）

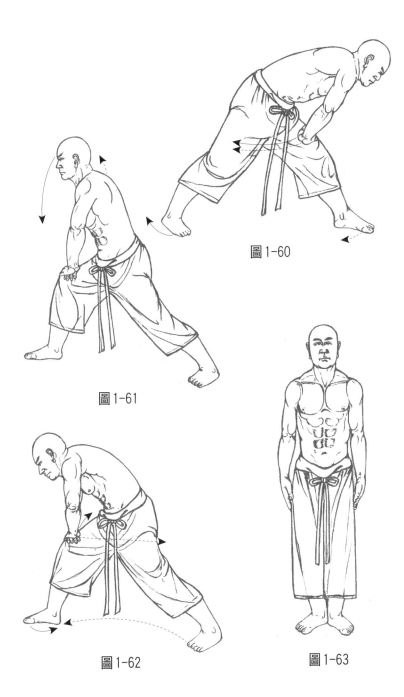

圖 1-60

圖 1-61

圖 1-62

圖 1-63

第四節 海底撈月勢

一、海底撈月

左手叉在腿上面，右手作雕手。（圖1-64、圖
1-65）

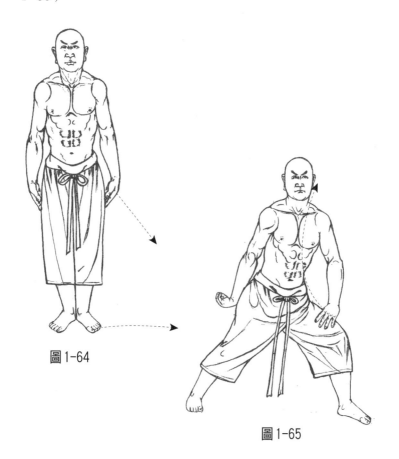

圖1-64

圖1-65

二、海底撈月

承上勢。左手由耳後一轉，仰掌向左伸出。（圖
1-66、圖 1-67）

圖1-66

圖1-67

圖1-68

三、海底撈月

承上勢。將手一轉，手背朝上。（圖1-68）

四、海底撈月

承上勢。作撈月之狀，頭俯腰屈，自左撈至右，腰身隨起。（圖1-69、圖1-70）

五、海底撈月

承上勢。撈起仍在左邊作望月之勢，吞氣一口，目視左手大指、食指之間。（圖1-71）

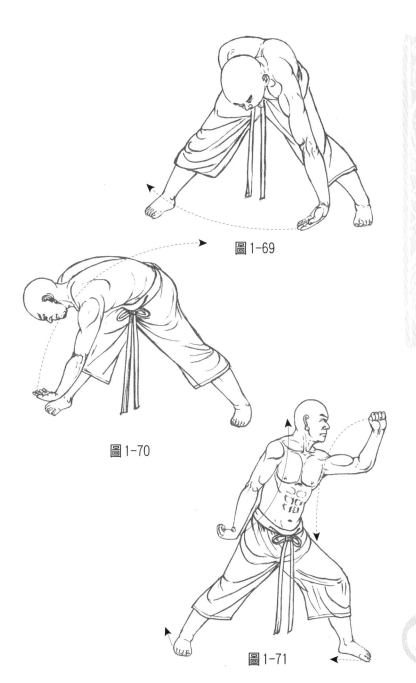

圖1-69

圖1-70

圖1-71

右亦相同。（圖
1-72～圖1-77）

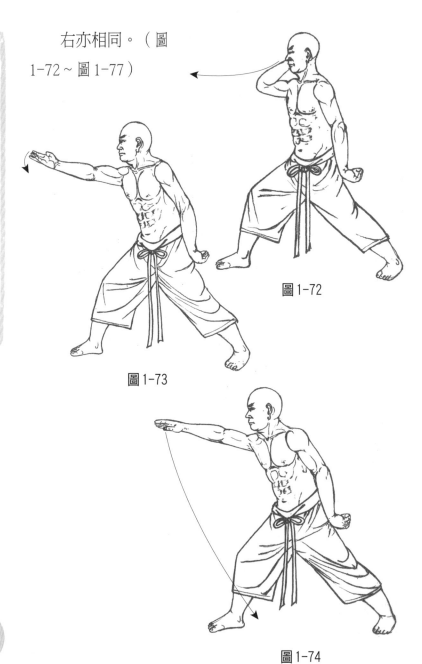

圖1-72

圖1-73

圖1-74

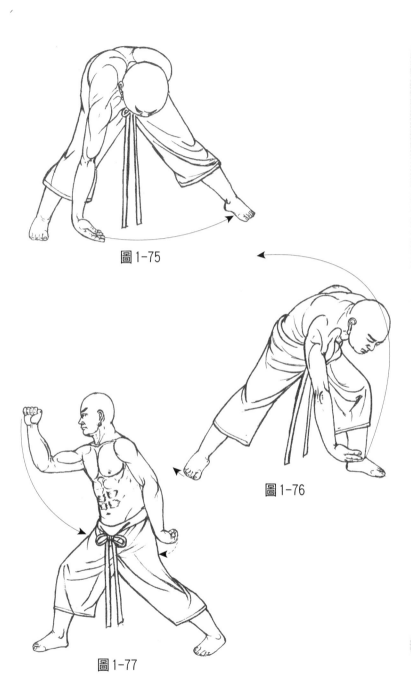

圖1-75

圖1-76

圖1-77

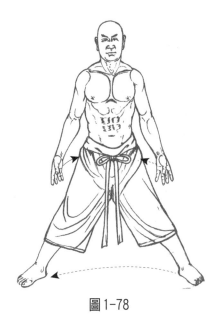

圖 1-78

圖 1-79

左右各三次，共吞氣六口。

然後收勢。（圖 1-78、圖 1-79）

第五節　站消勢

一、窩裏炮

左足屈，右足直。左手覆掌平心口，大指在內；右手仰掌平臍，小指在內，指皆開直。（圖 1-80、圖 1-81）

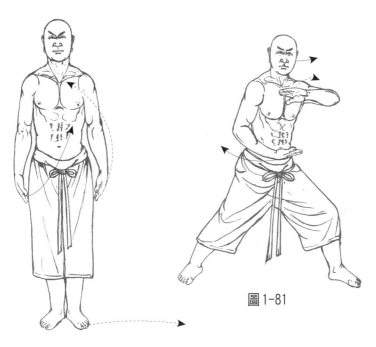

圖1-80

圖1-81

二、窩裏炮

承上勢。兩手
各順勢橫拉握拳，
左拳平乳，約離八
九寸，大指在內；
右拳平肋，約離寸
餘，大指在外；正
面吞氣一口，轉頭
左視。（圖1-82）

圖1-82

圖1-83

三、沖天炮

承上勢。將左拳放開，自下往上一繞，隨即握
拳，向上豎立，拳與額角相平；正面吞氣一口，轉頭
視左手寸口。（圖1-83）

四、穿心炮

承上勢。左手放開豎掌，由耳後一轉，即握拳，
向左伸直，手背朝上；正面吞氣一口，轉頭左視。
（圖1-84、圖1-85）

圖1-84

圖1-85

圖1-86

右亦相同。（圖
1-86～圖1-90）

左右各三次，共
吞氣十八口。

圖1-87

圖1-88

圖1-89

圖1-90

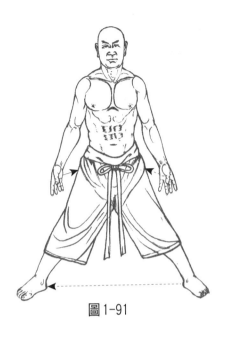

圖1-91

圖1-92

然後收勢。（圖1-91、圖1-92）

第六節　打　功

一、打穀袋的製作

　　打功用連殼粟穀，裝入長圓小布袋內，以雙層藍布為之。約長一尺九寸，粗約周圓（周長）三四寸，如褡膊勢，一頭有底，一頭開口。將粟穀裝入袋內，築令結實，長約八九寸，用繩從築實之處紮緊。所餘

圖1-93

空袋約剩一半，以為手執之柄。粟穀約重二斤；力小氣弱者，稍減之。（圖1-93）

二、打功的部位順序及方法

1. 打功先左後右、手足四面俱要打到，先從左手胳膊（上臂內側）、左屈（肘窩），順打至左手心，中指尖止。此為左手裏面。

2. 又從左臂膊（上臂外側），左肱肘（肘關節外側），順打至左手背，中指尖止。此為左手外面。

3. 又從左腋窩起，順打至左小指側止。此為左手下面。

4. 又從左肩胛起，順打至左手大指側止。此為左手上面。

左手四面打畢，接打左足。

5. 先從左肋左脅起，順打至小腹左，及左大腿面，左膝、左小腿前面，左腳面、左趾尖。此為左足

前面。

6. 又從左腋窩下起，斜打至左腰眼，至外踝轉至左小趾側止。此為左足外面。

7. 又從左血盆骨（鎖骨）下起，順打至肚腹左，即從脅腹之際，橫打至肚腹右。換左手持袋，由右橫打到肚腹左，右手掩護外陰，左手再自小腹左打起，從左腿裏面打至左腳踝、左腳趾側止。此為左足裏面。

8. 又兩手執袋，冒頂（從頭頂上方繞過）打脊膂（脊柱）二十下，即用左手執袋，反手打脊膂下，挨次至腰眼。將手一轉，順打至左臀、左腿、左屈（膕窩）、左腿肚、左腳踝止。此為左足後面。

左足四面打完，接打右手右足，如前法。

9. 打時須自上至下密密順打，不可脫漏，亦不可逆打。如有脫漏，不可補打，總須順行。

10. 凡打時，必先吞氣一口，共吞氣十六口，連前共吞氣六十五口。

11. 行打功一兩月之後，添巡手七勢，吞氣四口。又過十日，再添偏提勢，吞氣六口；正提勢，吞氣三口。又過十日，再添薛公站勢，吞氣三口。又過十日，再添列肘勢，吞氣六口。共吞氣二十一口，連前六十五口，通共吞氣八十七口，方是第一段功完。

三、打穀袋勢

(一)沖天炮

左足屈，右足直；右手持袋；左手由脅下一繞握拳，屈肘上豎；吞氣一口。（圖1-94～圖1-96）

圖1-94

圖1-95

圖1-96

(二)沖天炮

承上勢。右手持袋，從左胳膊、左肘窩，密密順打至左手心、手指，約十餘下。此打左手裏面。每打時只可順打，不可逆打；如打時或有脫漏之處，不可補打。（圖1-97、圖1-98）

圖1-97

圖1-98

（三）穿心炮

左拳放開，由耳後一轉，即握拳，向左伸直，拳背朝上；吞氣一口；右手持袋，從左肩膊，左胳肘，順打至左手背，左手中指尖止。此打左手外面。（圖1-99、圖1-100）

圖1-99

圖1-100

(四)雕 手

左手向耳後繞過作雕手，吞氣一口；右手持袋，由左腋窩起，順打至左小指止。此打左手下面。（圖1-101、圖1-102）

圖1-101

圖1-102

圖1-103

圖1-104

(五)小沖天炮

左手一轉即握拳上豎，作沖天炮勢，而稍低，吞氣一口；右手持袋，由左肩胛起，順打至左手大指側止。此打左手上面。（圖1-103、圖1-104）

(六)扛 鼎

將左手從脅下一轉，握拳盡力上舉直伸，大指在後；吞氣一口，仰面目視上舉之拳。（圖1-105）

(七)扛 鼎

承上勢。右手持袋，從左肋左脅起，順打至小腹

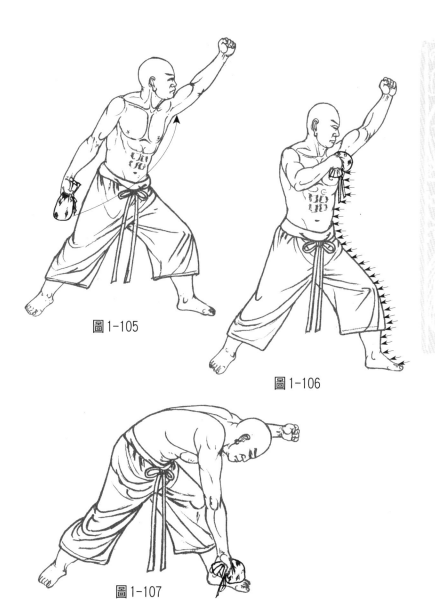

圖1-105

圖1-106

圖1-107

左，及左大腿面、左膝、左臁脛、左腳面、左趾止。
此打左足前面。（圖1-106、圖1-107）

(八)盤肘

左拳放開，由耳後繞下，即屈肘握拳平胸，吞氣一口，肘微抬起；右手持袋，從左腋窩下起，斜打至左腰眼，左外踝，轉至左小趾側止。此打左足外面。（圖 1-108～圖 1-110）

圖 1-108

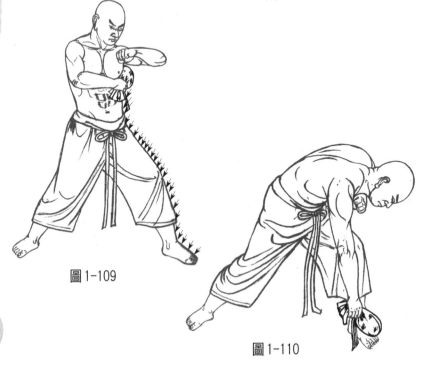

圖 1-109

圖 1-110

(九)雕 手

左拳放開，由耳後一轉作
雕手，吞氣一口；右手執袋，
從左血盆骨下起，順打至肚腹
左，即從脅腹之際橫打至肚腹
右；換左手持袋，由右橫打至
肚腹左；右手掩護外腎，左手
再自小腹左打起，從左腿裏面
打至左腳趾。如腹中有病多打
數遍。此打左足裏面。（圖
1-111～圖1-116）

圖1-111

圖1-112

圖1-113

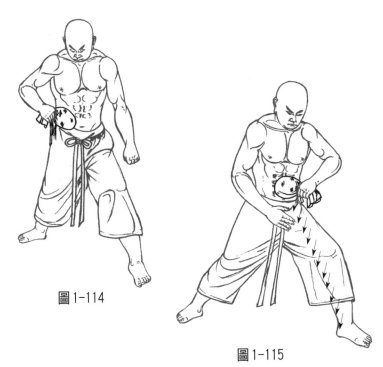

圖1-114

圖1-115

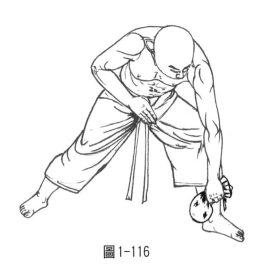

圖1-116

(十)伏　膝

左足屈，右足直；右手持袋按在左腿中間，左手亦按手袋上，吞氣一口。（圖1-117）

(十一)伏　膝

承上勢。兩手執袋，冒頂打左脊臋（脊背左側）二十下，不可打中間脊背。（圖1-118）

圖1-117

圖1-118

(十二)伏 膝

承上勢。左足伸，右足屈；右手叉在右腿面上，大指在後，身往後斜倚；左手持袋，反手打左脊臀下，挨次至左腰眼，將手一轉，順打左臀、左腿、左胳肘窩、左腿肚，左腳跟止。此打左足後面。（圖1-119）

左足四面打完，接打右手右足，亦如前法。（圖1-120～圖1-143）

圖1-119

圖1-120

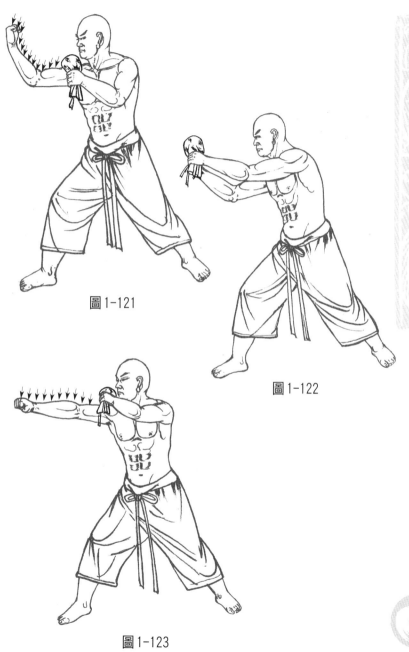

圖1-121

圖1-122

圖1-123

少林拳術
精義

圖1-124　　　　　　　　　圖1-125

圖1-126

圖1-127

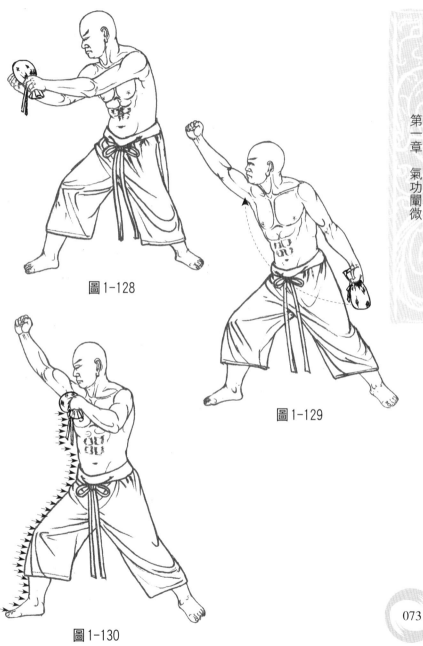

圖1-128

圖1-129

圖1-130

圖 1-131

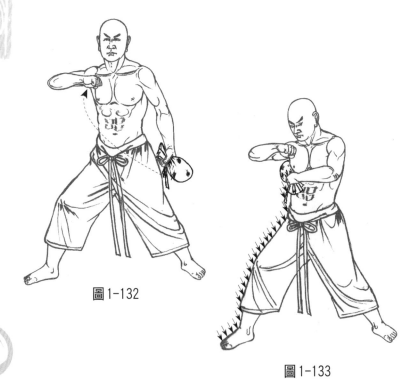

圖 1-132

圖 1-133

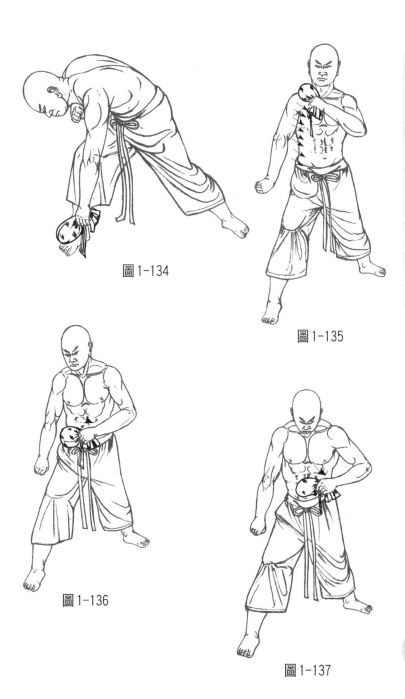

圖1-134

圖1-135

圖1-136

圖1-137

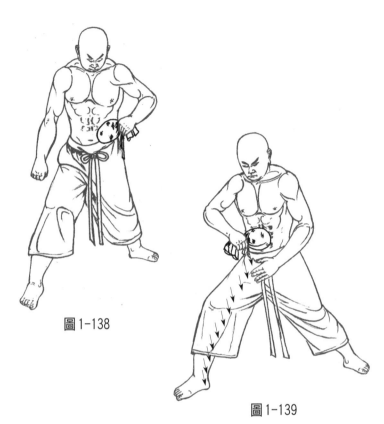

圖 1-138

圖 1-139

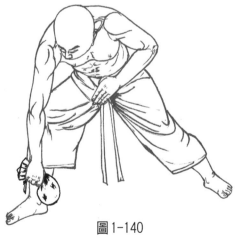

圖 1-140

圖1-141

圖1-142

圖1-143

第七節 巡 手 勢

一、起 勢

平身正立，兩足離開比肩稍寬；兩胳肘向前平伸，兩手腕直豎，五指散開，兩掌相對。（圖1-144～圖1-146）

圖1-144

圖1-145

圖1-146

圖1-146附

二、玉帶勢

承上勢。兩掌分開，由耳後按下，推至腰間，約與臍平，十指尖兩邊遙對，如叉腰狀，約離腰一拳；吞氣一口。（圖1-147～圖1-149）

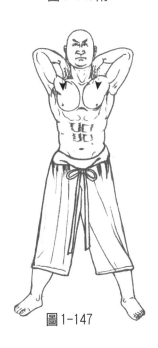

圖1-147

圖1-148

圖1-149

圖1-150

三、垂腰勢

　　承上勢。將兩手握拳
對腰，手背朝下；正面吞
氣一口。（圖1-150）

四、提袍勢

承上勢。兩拳放開，由脅下轉出，即覆掌向前平伸，如提物狀；正面吞氣一口。（圖1-151～圖1-153）

圖1-151

圖1-152

圖1-153

五、幞面勢

承上勢。將兩手分開，由脅下轉出頭上，兩手與頭相離約兩拳，掌心向前，十指散開，指尖斜對，大指尖垂下與目相平。（圖1-154～圖1-156）

六、搔面勢

承上勢。兩手掌向前一併，齊住頷頦下，兩小指相挨，兩胳肘相挨，隨勢上伸過額。（圖1-157、圖1-158）

圖1-154

圖1-155

圖1-156

圖1-157

圖1-158

七、搔面勢

承上勢。十指漸勾握拳，住頷頰下，復將十指散開，兩大指相併，伸手過額，又將小指相併。十指漸勾握拳，仍住頷頰下，腕肘俱要緊貼。（圖1-159～圖1-162）

圖1-159

圖1-160

圖1-161

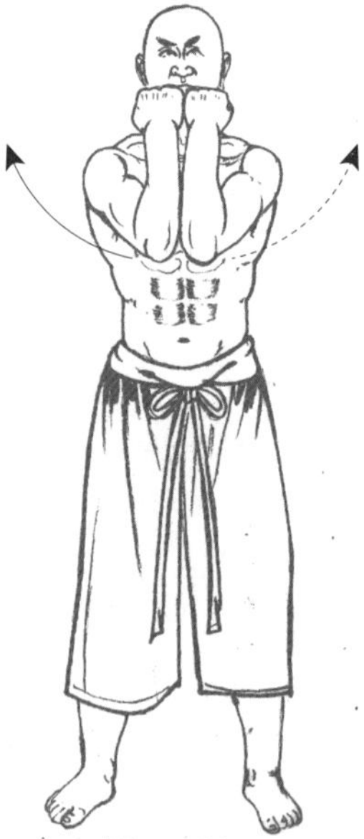

圖1-162

八、朝笏勢

承上勢。將兩拳拉開，與肩相平，圓如抱物之狀，手背朝上，兩拳遙對，相離兩拳左右；正面吞氣一口。（圖1-163）

然後收勢。（圖1-164、圖1-165）

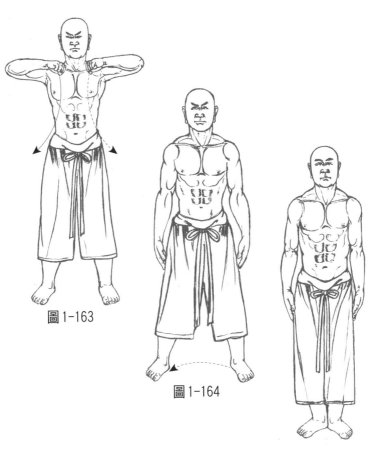

圖1-163

圖1-164

圖1-165

第八節　偏提勢

一、初　勢

側身斜立，左足
屈，右足直；兩手交
叉，用力上舉過頂。
（圖1-166～圖1-168）

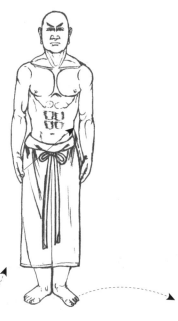

圖1-166

圖1-167

圖1-168

二、中　勢

　　承上勢。漸次彎腰，如打躬狀，至腳背，隨反掌
下按，仍合拱提起，在膝蓋上用力一捭。身腰隨之。
（圖1-169～圖1-171）

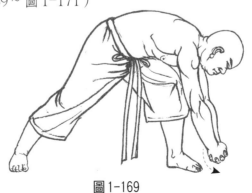

圖1-169

圖 1-170

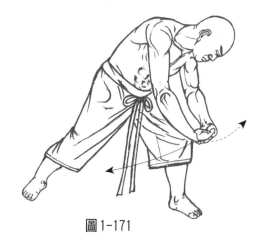

圖 1-171

三、末 勢

　　承上勢。將兩手分開，由耳後一繞，握拳屈肘作
圈勢，兩拳遙對，相離兩拳左右，手背朝上；吞氣一
口。（圖1-172～圖1-174）

圖1-172

圖1-173

圖1-174

右亦相同。（圖1-175～圖1-182）

左右各三次，共吞氣六口。

少林拳術
精義

圖1-175

圖1-176

圖1-177

圖1-178

圖1-179

圖1-180

圖1-181

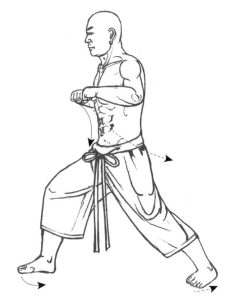

圖1-182

然後收勢。（圖1-183、圖1-184）

圖1-183

圖1-184

第九節　正提勢

一、初　勢

　　兩腳正立，相離比肩稍寬；兩手交叉，上舉過頂。（圖1-185～圖1-187）

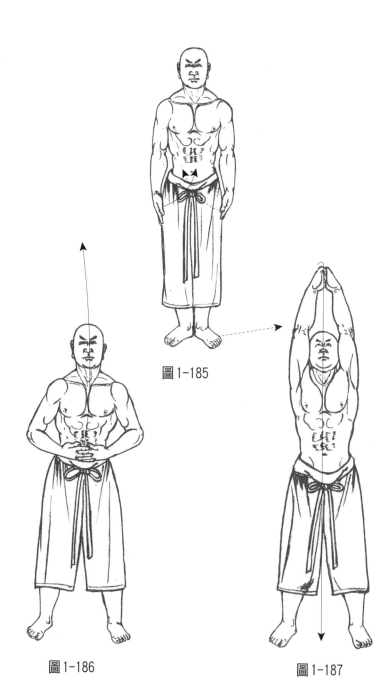

圖1-185

圖1-186

圖1-187

二、二 勢

承上勢。漸次彎腰,如作揖狀,至地隨即反掌下按,仍合拱提起,約與腰平,用力一摔。腰身隨之。(圖1-188~圖1-190)

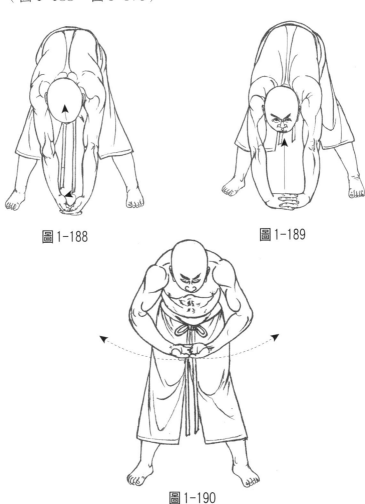

圖1-188

圖1-189

圖1-190

三、三 勢

承上勢。將兩手分開，由耳後一繞握拳，兩肘圓如抱物，兩拳相距兩拳左右；正面吞氣一口。正面三次，共吞氣三口。（圖1-191～圖1-193）

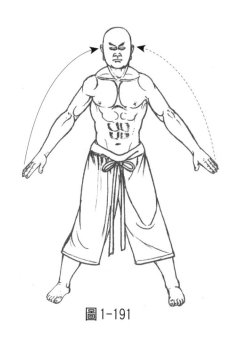

圖1-191

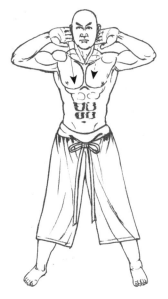

圖1-192

圖1-193

第十節 薛公站勢

一、初 勢

承上勢。兩拳伸開，十指俱直，由耳後繞下平乳。（圖1-194、圖1-195）

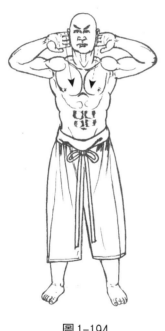

圖1-194

圖1-195

二、二 勢

承上勢。下按至臍，由平乳至平臍，一氣順下，並不停留，至平臍時方暫停。（圖1-196）

三、三 勢

承上勢。兩手一轉，由脅下繞出，仰掌平托與肩齊，手要端正，各離頭一拳左右，兩大指在肩之前，其餘四指伸開在肩後。（圖1-197～圖1-199）

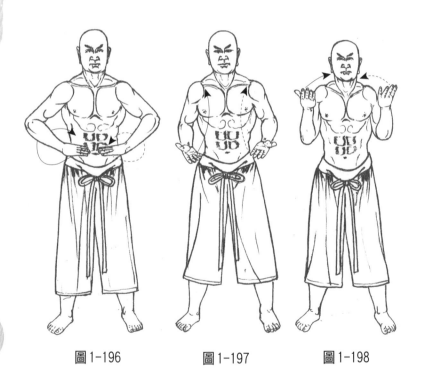

圖1-196　　　　圖1-197　　　　圖1-198

圖1-199

四、四 勢

承上勢。兩手合併，與
頷頦下相平，兩手小指緊
挨，掌心朝上，腕肘貼緊。
第一次仰面掌兩小指併，上
伸。（圖1-200）

圖1-200

圖1-200附

五、五 勢

承上勢。仰托過額。（圖 1-201）

六、六 勢

承上勢，十指漸勾握拳，與頷頰相平。（圖 1-202）

圖 1-201　　　圖 1-201 附　　　圖 1-202

七、七 勢

承上勢。兩拳放開，仰掌朝上，兩大指相挨。第二次仰掌，兩大指相併，伸上。（圖1-203）

八、八 勢

承上勢。仰托過額，兩小指相併。順勢從額上抓下，握拳仍與頷頰平。復舒拳，又如初勢仰掌，小指相並，仰托過額。（圖1-204）

圖1-203　　　　　圖1-204

九、九 勢

承上勢。將兩小指相併，順勢自額上抓下握拳，仍住頷頰下。復舒拳，又如初勢仰掌，小指相併，仰托過額。第三次仰掌，兩小指相併伸上。（圖1-205）

十、十 勢

承上勢。十指抓下握拳，平列圓如抱物狀，兩拳相離兩拳左右，吞氣一口。共三次，吞氣三口。（圖1-206～圖1-210）

圖1-205

圖1-206

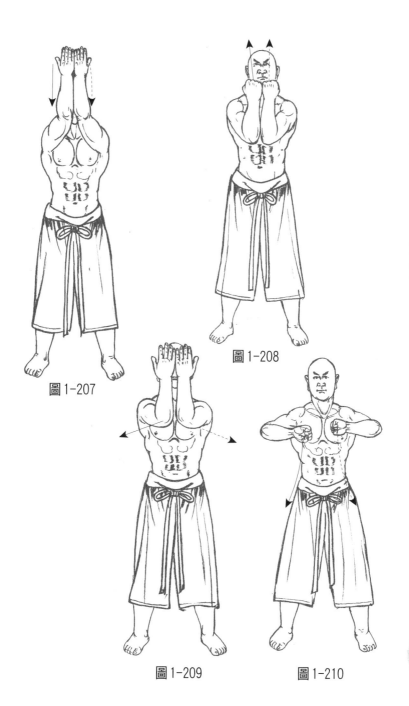

圖1-207

圖1-208

圖1-209

圖1-210

圖1-211   圖1-212

然後收勢。（圖1-211、圖1-212）

第十一節　列肘勢

一、初　勢

　　左足屈，右足直；右手握拳，左手掌抱住右拳。
（圖1-213、圖1-214）

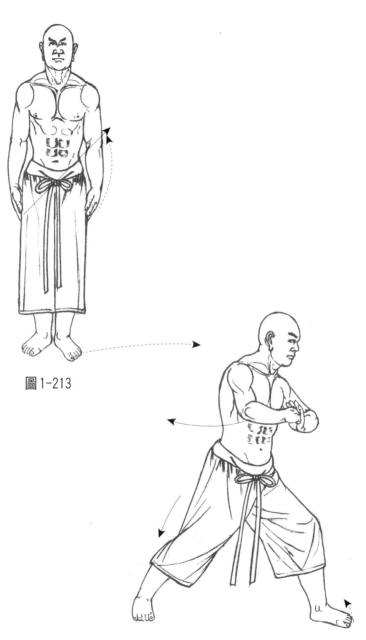

圖 1-213

圖 1-214

二、中 勢

承上勢。左胳肘向左一送，隨即撤回；將身蹲下，左腿伸直，右腿屈；左手仍抱住右拳，右胳肘上抬。（圖1-215）

三、末 勢

承上勢。身隨起，左足彎，右足直，身向左探；吞氣一口，右胳肘隨勢上抬。（圖1-216）

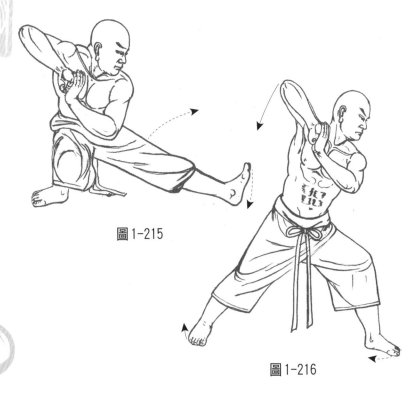

圖1-215

圖1-216

右亦相同。（圖
1-217～圖1-219）

左右各三次，共
吞氣六口。

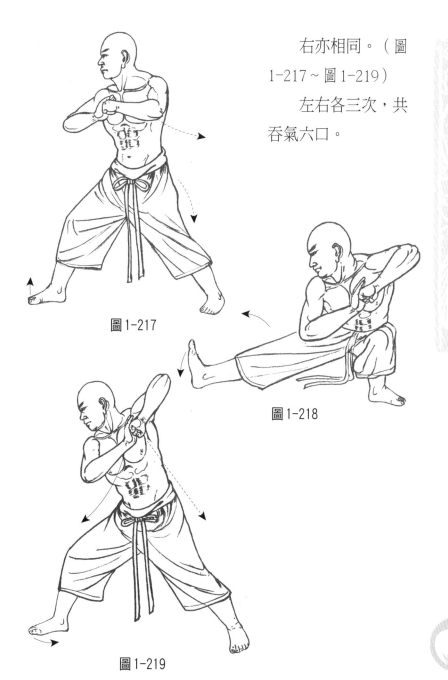

圖 1-217

圖 1-218

圖 1-219

然後收勢。（圖1-220、圖1-221）

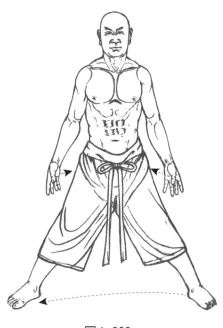

圖1-220

圖1-221

此卷所載六十四勢，只是入門第一段功夫，若盡其所傳，不下千餘勢。初行第一段，百病俱除，精神倍長。尚有第二段、第三段、第四段，統計兩年可以完成。

功完之後，百脈貫頂，氣力千鈞，不僅如《易筋經》所云，駢指可貫牛腹，側掌可斷牛頸已也；然就此六十餘勢行之不輟，即可卻病延年。

大都病在臟腑者，服藥可以治療；病在筋絡者，服藥不能旁通，欲使筋絡貫舒，氣血無滯，非行此不為功。

現今行之有效者甚多，唯所授之人，得之黔中口授，並無其書。

以其近於道家胎息導引之言，故不欲以其法傳，且不欲以其姓名著。而其法實有裨於養生，爰就其口授者，繪圖作說，付之剞劂，公諸同仁，以共登仁壽之域云爾。

【行功次序】

1. 騎馬勢，望月，舒氣。
2. 騎馬勢，武功頭，舒氣。
3. 騎馬勢，武功頭，伏膝，撈月。
4. 騎馬勢，武功頭，伏膝，站消，撈月。

5.騎馬勢，武功頭，伏膝，站消，打穀袋，撈月。

6.騎馬勢，武功頭，巡手，玉帶，垂腰，提袍，幞面，搔面，朝笏，伏膝，站消，打穀袋，撈月。

7.騎馬勢，武功頭，巡手七勢，偏提，正提，伏膝，站消，打穀袋，撈月。

第二章

易筋經義

第一節　易筋論

一、易筋總論

譯曰：世尊大意謂，學佛乘者，初基有二。一曰清虛，一曰勇往。清虛無障，勇往無懈。不先辨此，進道無基。清虛為何？洗髓是也。勇往為何？易筋是也。易者，變也；筋者，勁也。

原夫人體骨髓以外，皮肉以內，四肢百骸，無處非筋，無筋非勁，幕絡周身，通行氣血，翊衛精神，提挈運用。

試觀，筋弛則疾、筋縮則攣、筋靡則痿、筋弱則懈、筋絕則折。再觀，筋壯者強、筋舒者長、筋勁者剛、筋和者康。

111

以上諸狀，悉由內賦於天，外感於氣，自成盛衰，非由人功也。

今以人功，變弱為強，變攣為長，變柔為剛，變衰為健，易之功也，身之利也，聖之基也。我命在我，此其一端。

然而，功有漸次，法有內外，行有起止，以至藥物、器製、節候、年歲，及夫飲食起居，徵驗始終，各有次第、制度、宜忌，務須先辨。信心次立，肯心奮勇，往心堅精，進心如法，行持進修不懈，何患不躋聖域哉！

二、膜 論

骨髓之外，皮肉之中，及五臟六腑，無處非筋，亦無處非膜。膜較於筋，膜為稍軟。膜較於肉，膜為稍勁。筋則分縷，半附骨肉。膜則周邊，全著皮肉，與筋不同。故功須各盡。

然練筋易，練膜難。蓋行功之道，以氣為主。夫天地之生物也，氣之所至，百物生長。故行功氣至，筋膜長堅。但筋體虛靈，氣至則起。膜體呆滯，氣不倍充，不能起發。練至筋起之後，必須倍加功力，務候周身膜皆騰起，與筋氣俱堅，外應於皮，並堅其肉，始為氣充，始為完固。不則筋無膜助，譬猶植

物，而非沃土，根本無滋榮之養，則枝幹有枯朽之虞矣，安得成功。

三、內壯論

內與外對，壯與衰對。壯與衰較，壯可羨也。內與外較，外可略也。蓋內壯言道，外壯言勇。道入至階，勇僅俗務，懸霄壤矣！

凡練內壯，其則有三：

一曰守中

此功之要，在於積氣。下手之法，妙於用揉，揉法詳後。凡揉之時，手掌著處之下，胸腹之間，即名曰中。唯此中處，乃積氣之地，必須守之。宜含其光明，凝其耳韻，勻其鼻息，緘其口氣，四肢不動，一意冥心，存想中處，先存後忘，漸至泊然不動，斯為合勢。蓋揉在於是，守即在於是，則一身之精氣與神俱注積之，久久自成無量功力。設或雜念紛紜，馳情外意，神氣隨之，而不凝注，虛所揉矣。

一曰萬勿他及

人身之中，精血神氣，非能自主，息聽於意，意行則行，意止則止。守中之時，一意掌下，方為能守。設或移念一掌之外，或馳意於各肢體，則所注之精氣，隨即走馳於各肢體，變成外壯，而非內壯，虛

所揉矣。

一曰持其充周

揉功合法，氣既漸積矣。精神附於守，而不外馳，氣維蘊於中，而不旁溢，直至真積力久，日月已足，效驗既形，然後引達自然，節節堅壯。設未充周，而輒散於四肢，則內壯不固，外勇亦不全矣。

四、揉 法

古語云：「筋力磨礪而後壯，唯此揉法磨礪之義也。」

其則之有三：

一曰春月起功

蓋此功大約有三段，每段約百日。初行功時，便須解襟，次後必須現身，故宜於二月中旬起手，則向後漸暖，方為通便。

一曰揉有定勢

人之五臟，右肺左肝，右氣左血。凡揉之法，須從右邊推向左邊，蓋推氣入血分，令其通融。又取肺臟於右，揉令肺寬，能夠納氣。至於揉者，右掌有力，便用不勞，又本自然者也。

一曰揉宜輕淺

凡揉之法，雖曰人功，實法天道，天地生物，漸

次不驟，氣至自生，候至自成。揉者法之，但取徐徐推盪，不可驟然太深，是為合法。設令太重則傷皮膚，而生瘢痹，太深則傷肌肉筋膜，而發腫熱，俱無是處。

五、陰陽配合論

天地一陰陽也，陰陽相和相交，始能萬物廣生。人身亦一陰陽也，陰陽相悖相勝，安保百病不作！此理之顯然者也。唯是天地之陰陽，渾然太極，保令太和，任其自然，無不交和。至於人身之陰陽，本自天成，不能自主，無由禁止，使不悖勝焉。

是功獨究陰陽交互之義，順乎天成，移以人力，陰陽妙用權自操也。和其相悖，濟其相勝，固其易易而補稟受之偏，幹造化之機，非虛言也。

但是功內壯，而首言卻病者，蓋無病方可言壯，而能壯則病於何有哉？斯理即明，更究配合之法，便可入手。

假如，人有陽衰，而患痿弱虛憊之疾者，宜用童女或少婦揉之。蓋女子外陰而內陽，借其陽以助其衰也。若陽盛陰衰，而患熱疾者，宜用童子或少男揉之，蓋取其外陽而內陰，借其陰以制其盛也。元機互隱，至理確然。若無病之人，各從其便，如用童男童

女相兼揉之，令其陰陽和暢，更熟妙義也。

第二節　行功說

一、行功輕重

初行功時，以輕為主，必宜童子，取其力平；一月後，其氣漸凝，須有力者，漸漸加重，乃為合法。然切勿驟重，以致火動；切勿游移，以致傷皮，慎之！慎之！

二、行功淺深

初功用揉，取其淺也。次漸加力，是因氣凝增重，猶之淺也。次用槌杵，取其深也。而槌打其外屬淺，杵搗其內屬深，內外皆堅，方為合法。

三、兩肋分內外說

功越百日，前胸筋膜騰起，已盈滿充塞周遍。譬之河水拍岸浮堤，稍加決導，則奔放不可複製，而不能在河矣！

故當此時，切勿用意引入四肢。若一引導，則新入之氣，便走注於外，而成外勇，散漫不凝，不能與

內氣相合，無從練之入骨，即不成內壯矣。

入內之法，須用石袋，從心口至兩肋梢，骨肉之間，臟會之處，密密搗之，兼用揉法，並用打法，始揉繼搗復打。如是久久，則腑氣與臟氣會合，其新入之氣，與所積充滿之氣，循循入骨矣。入骨有路，方不外溢，骨髓亦堅，始成內壯也。內外兩途，於此分界，極宜戒慎，中間稍或不謹，如輕用引弓、努拳、攜重、敲打等類，一開其路，勢不可遏，縱加多功，永不能入內矣，慎之！慎之！

四、行功禁忌

自初功以後，三百日勿多近內，蓋是功以積氣為主，而精神統之。初功百日，全宜禁之，不則其基敗矣。敗二十日後，乃可近內一次，以疏通其留滯，多或二次，切不可三也。向後皆同此意，而在內外分界之際，切不可犯。至後行下部功時，五十日外疏放一次，以去舊生新。自後慎加保守，作壯之本，切勿浪施，珍之！珍之！

至於功成氣堅，收放在吾，順施則人，逆施則仙。固非身外凡寶，所可同日而語也。

然此篇之論，為非童體，與不能絕欲者，開一門路耳，其實竟能禁止，則其功自倍，況充是功之量，

可以超凡入聖，安有仙佛者流，而沾嗜慾者耶！學者
須識是篇立言之旨。

第三節　藥　功

一、內壯服藥法

練功之法，外資於揉搗，內資於藥力。行功之
時，先服藥一丸，藥入胃將化時，即便行功，使揉與
藥力兩相迎湊，乃為得法。過與不及，皆無益也。每
日行功三次，唯早間服藥一次以為常。

二、內壯丸藥方

野蒺藜（炒去刺）、白茯苓（去皮）、白芍藥
（焙）、地黃（無灰酒瓦器煮熟）、甘草（蜜炙）、
辰砂（水飛），以上六味各十分。

人參（去蘆）、白朮（土炒）、全當歸（酒
洗）、川芎（洗淨），以上四味各二分。

皆作極細末，煉蜜為丸，每丸重約一錢。每服一
丸，或湯或溫酒下皆可。但中有珍品，力或不能，故
另立三方，任用一方可也。

三、另三方

一方：用白茯苓去皮，研末蜜丸，或蜜湯調服。或切作塊，浸於蜜中，浸久愈佳，皆服一錢。

一方：用野蒺藜炒去刺，研細末，蜜為丸，每服一錢或二錢。

一方：用足朱砂水飛，每服三分，蜜水調服（恐有毒，宜慎之）。

凡服藥者，皆忌食蔥，以與蜜相反故也。

四、通靈丸方

深秋螃蟹，取螯足完全、殼硬壯健、每隻重四兩以外者，雌雄各八隻。以芥麥麵二升四合，同蟹入石臼搗極細，加黃酒為餅，文火焙乾研末。

當歸身（酒洗淨）、川芎、白芍藥、熟地黃（酒洗淨），四味各四兩。

共為細末，合前件煉蜜為丸，如梧子大，每服六十四丸，黃酒送下。

五、燙洗藥水

行功之時，頻宜燙洗，使血地滋潤，肌膚舒暢。用地骨皮、食鹽量用，煎湯趁熱洗之。蓋鹽能軟堅導

滯，功力易入，涼以清熱，不致活動。或一日一洗，或二日一洗，準以為常，功成乃已。

六、下部洗藥

行下部功，燙洗更不可間斷。蓋仗藥力，和氣血，堅皮膚，且解熱退火，方無他虞耳。用蛇床子、生甘草、地骨皮等分量。用煎湯先溫後熱、漸至大熱。每日功畢，即洗之，亦準三次。

七、如意散

象皮（切片）、鯪魚甲（酒炒。即穿山甲）、半夏、川烏頭、草烏頭（俱薑汁製）、全當歸、瓦松、皮硝、蜀椒、側柏葉、透骨草、紫花地丁、食鹽。

以上十三味，各三兩，加鷹爪一對敲碎，共入一甕，用陳醋七斤，河水八斤，浸好。臨用量取，沖滾湯內燙洗。

第四節 工 具

一、木槌木杵勢

木槌、木槌皆用堅木為之，降真香者最上，次則

文楠、紫檀、白檀、花梨、鐵力，皆堪製用。杵宜頭尖而微圓，槌亦頭圓而微長，中間略高，取其高處著肉，兩頭尚虛也。杵搗深陷，槌打周邊。初輕後重，用力須勻，不疾不徐，方為合法。

(一)槌 勢

頭長四寸，中高處周長六寸。柄長七寸，周三寸。（圖2-1）

10cm

圖2-1　木槌

(二)杵 勢

頭長四寸，周四寸半。柄長三寸，周三寸。（圖2-2）

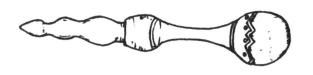

圖2-2　木杵

二、石袋勢

木杵、木槌用於著肉處高，若骨縫之間，悉宜石袋。石取圓淨而無棱角，大如葡萄，小如梧子，生於水中方入選。山中者燥，能生火；土中者氣鬱不宜；棱角尖瘦，則傷筋骨，皆不可用。

袋用細布縫作圓桶，略如木杵形，兩頭尖，中間細，大小四五枚。大者長八寸，其次六寸、五寸、三寸，周圍隨長短增減。石約半斤，大者一斤，最大者二十兩，以石大小相間，納置堅實，擺動無聲。搗打久久，則骨縫之膜，皆堅壯矣。

石袋勢：腰長三分之一，粗細隨大小增減。（圖2-3）

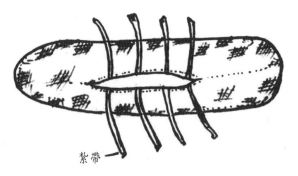

紮帶

圖2-3　石袋

第五節 內 修

一、日精月華

太陽之精，太陰之華，二氣交融，是生萬物。古人知之而善採之，以躋聖域，其法秘密，世人罕知。況無堅志，且無恒心，故徒閱居諸，莫收其益也。

行內功者，自初功至於成功，至於終身，採咽精華之功。若不間斷，則清陰清陽之氣，能使愚濁潛消，清靈暢達，疾病不染，神智日增，其益真無量也。

採咽之法，日取於朔，與月初交，其氣始也。月取於望，金水滿盈，其氣旺也。若朔望逢陰雨，則初二三，十六七亦可，過此則虛而不取矣。

取日於朔，宜初出時，登高向之，坐定調勻鼻息，先以火筆（舌尖）書煜字於上齶。然後以鼻細吸光華，令其滿口，閉息凝神細咽，以意送之，貯於丹田，是為一咽。隨即張口，徐徐呼出濁氣。復調鼻息，復吸復咽，如此七咽。靜守片刻，然後起行。

取月於望，宜將中時，先以火筆書煜字，餘同上法，亦準七咽。此法以功候深淺為則，初功則貯於上

丹田；三月以後，則貯於中丹田；至督任既通，凝神氣穴之後，則以意一送，直入下丹田，而積厚流光，隨氣通行，灌練百骸，渣穢澄而靈光充矣。

此因懸象自然之利，以人通天，以天練人之實功，為是經至要之元機，切勿輕忽火筆舌尖也，見道書。

二、觀心返本

人於成形之初，先天元氣即根於下丹田氣穴之中。既生，而分半於上丹田之心。既長，而分流於耳、目、口、鼻、四肢、百骸。既壯以後，漸為陰陽所耗，而更重於思慮嗜欲之傷，則乾體愈虧矣。故非童體而行功者，必先行觀心洗自心二法，將散於五官百骸之元氣，復返於上丹田中，以合鉛汞，則積氣有所附，而守中有所主，入手方不懸虛耳。

觀心之法，先須清心，然後於上六時中，不論行住坐臥，正身定慮，耳不旁聽，目不旁矚，垂簾默照，自觀心，鼻納天地之清氣，口吐腸胃之濁氣，將清氣以意充達周身。吐納之際，必使納多吐少，由勉而安，由漸而久。又於下六時中，行洗心退藏之法，以為常規。

經云：「久視上丹田，則神長生者此也。」

訣曰：「元神一出便收來，神返身中氣自回。如此朝朝並暮暮，自然赤子產靈胎。」

朝朝上六時也，暮暮下六時也，觀心洗心，相間而行，赤子心也。元氣歸心，則精氣神凝合，故曰靈胎。

三、洗心退藏

自子至巳屬陽，為上六時；自午至亥屬陰，為下六時。退藏之法，於下六時中行之，蓋其時陰氣用事，不可吸取。須調勻鼻息，靜坐存想山根，將上六時所吸之清氣，充於周身者，以意攝於山根。微微呼吸，由腦後漸下夾脊至兩腎之間，還轉上泥丸。由天庭下前面，行至咽關，趁勢咽下，達於上丹田，存貯其中，不論咽數，暇即為之。

如此三百日，積氣生液，積液生精，子母會合，破鏡重圓矣！

四、法輪自轉

行功積氣，恐有壅滯，故以此法合之。每於功畢之時，靜坐片刻。調勻鼻息，返聰內視，青龍潛於左，白虎伏於右，存想龍潛虎伏。用右手握拳，於心下、臍上，左轉三十六轉，自小至大，右轉三十六

轉，自大至小；須不疾不徐，勻勻圓轉，為得此觀心與洗心三者，自初功至於成功，不可或急，乃內功之秘奧也。

五、歸根復命

純陽則仙，純陰則鬼。然陽滯而不宣，則為亢晦，而氣反濁戾。陰從而通行，則為柔順，而體化清醇。但陽易動而難充，陰體靜而難化，故是功以導引化濁陰為妙用，用以充暢清陽為本旨。上諸論中，雖曾流露，而未名言，此時初功入手，恐學者未能曉然，故又特為指出也。

夫所謂體具金剛者，要不過功力完足，清陽之氣充實流行，而無一毫之濁陰故也。揉打之功，致力於外，故能鼓發清陽，然使內無充積之基，是猶水之無源也。

日月精華則積之於旬月之內。觀心洗心，則積之於入手之前，與行功之暇。而入手之後，每日黎明尚有一段內功，謂之歸根復命，又為充積清陽之要務也。自此致力於內，則積之厚；致力於外，則流之光。陽無不宣，陰無不化，而純陽可冀矣。

其法於黎明睡醒時，披衣向東跌坐，呼出濁氣七口，或二七口。合掌搓熱三十六，洗面三十六，叩齒

三十六。以集醒身神，默誦四字密咒「緊莎伽羅」十二遍，又默誦大明六字咒「唵嘛呢叭彌吽」二十四遍。然後注想祖竅，將心中所積之氣，納之於中丹田；將腎中所凝之液，升之於黃庭。然後調勻鼻息，滿十息則吸氣閉息咽之，又連吸連咽下達中田。更調呼吸使其和順，每間十息則咽氣三口，共一百二十息，咽氣三十六口。再行法輪自轉，然後起身。

「祖竅」即中田，在心下臍上之正中，由稟受而言為祖竅，由運化而言為中田，在一身四方之中。且脾土據此，故又謂之黃庭，其實一也。

吸氣訣曰：「三十六咽，一咽為先；吐唯細細，納唯綿綿。」經云：「久視中田，則氣長生者此也。凡吸必以鼻，而呼必以口。蓋天門入清陽，而地戶出濁陰，理自然也。」

第六節　十二月行功

一、初月行功

初功之時，擇小童四人，更番揉之。一取力小，推揉不重。一取少年血氣充盛。

凡行功者，每黎明行歸根復命一遍，起身盥沐，

服內壯藥，約藥將化，方行揉法。解襟仰臥，令童子
按一掌於心下臍上，適當其中，自右向左推而揉之，
徐徐往來，勻勻無亂，掌勿離皮，亦勿游移，是為合
法。手疲更換一人。（圖2-4）

當揉之時，冥心內視，守中存想，意不他馳，則
精氣神悉附於一掌之下，是為真正火候。若守中純
熟，揉推均勻，正揉之時，竟能熟睡，最為妙境，勝
於醒守也。

功畢靜坐片時，行法輪自轉。然後起行動作飲
食，暇則行觀心洗心法，自後每行功畢，準此為常。
凡行功每次約準一時，時不能準，則以大香一炷記
之。早間、中午、晚上，每日共行三次。若少年火

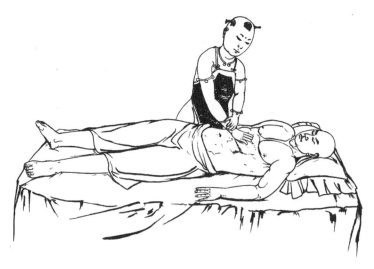

圖2-4

盛，只早晚二次，恐太驟而致他虞也。

　　凡行功起手，先須立定章程，飲食、動作、止息、涵養，皆準劃一不移，每日遵行為得。

二、二月行功

　　初功一月，氣已凝聚，漸覺氣海寬大，腹之兩旁筋皆騰起，各寬寸餘。用氣努之，硬如木片，是其驗也。此時於前所揉一掌之旁，各開一掌，仍如前法揉之。其兩肋之間，及自心至腹，軟而有陷，是因膜深於皮肉之下，與筋不同，揉不能到故也。須用木杵搗之，久則膜起，浮至於皮，與筋氣同堅，全無軟陷，方為各法。（圖2-5）

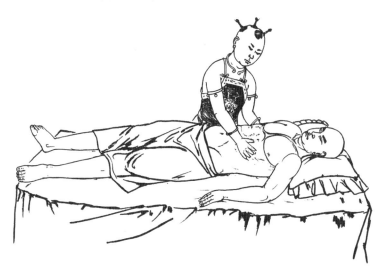

圖 2-5

三、三月行功

功滿兩月，其間陷處，至此漸起，乃用木槌輕輕打之。（圖2-6）

兩旁所揉各一掌處，即用木杵如法搗之。（圖2-7）

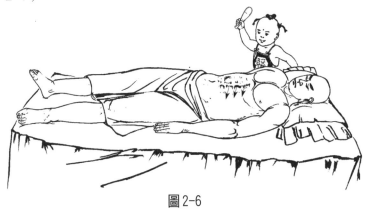

圖2-6

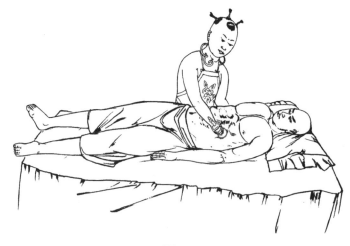

圖2-7

再於其兩旁，至兩肋梢各開一掌，如法揉之。
（圖2-8）

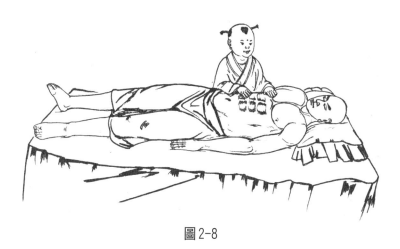

圖2-8

四、四月行功

功至三月，其中三掌，皆用槌打；其外兩掌，先搗後打。功逾百日，則氣滿筋堅，膜皆騰起，是為有驗。（圖2-9）

五、五月至八月行功

功滿百二十日，心下兩旁至肋梢，揉搗且打，膜皆起矣。此處乃皮骨之交，臟腑之會。此時乃內壯之界，切須謹慎，能於此時不向外引，則其積氣向骨中

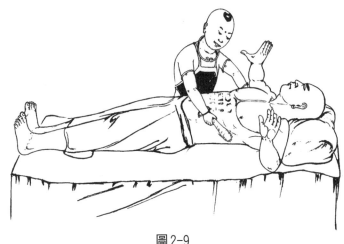

圖2-9

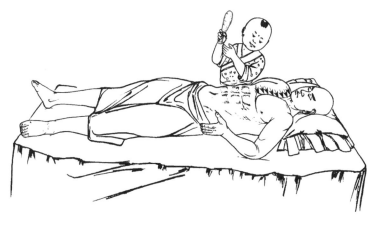

圖2-10

行矣。氣既循搗打之處，逐路而行，則當從心口上至
於頸。（圖2-10）

又從右肋梢上至於胸。（圖2-11）

更從左肋梢上至於肩。（圖2-12）

圖2-11

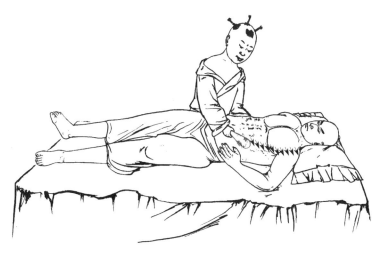

圖2-12

始用揉，次用搗，復用打，週可復始，不可倒行。如此復百，則氣滿前胸，任脈充盈矣。

六、九月至十二月行功

功逾二百日，前懷氣充，任脈已足，則宜運入脊背，以充督脈。從前之氣已上肩頸，今自右肩從頸側上至玉枕。（圖2-13）

又從左肩由頸上至玉枕。（圖2-14）

又轉從玉枕下至夾脊，下至尾閭。（圖2-15）

處處如前揉搗且打，週而復始，不可倒行。

脊旁軟處，用揉以掌。（圖2-16）

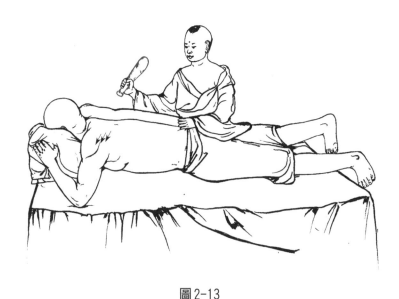

圖2-13

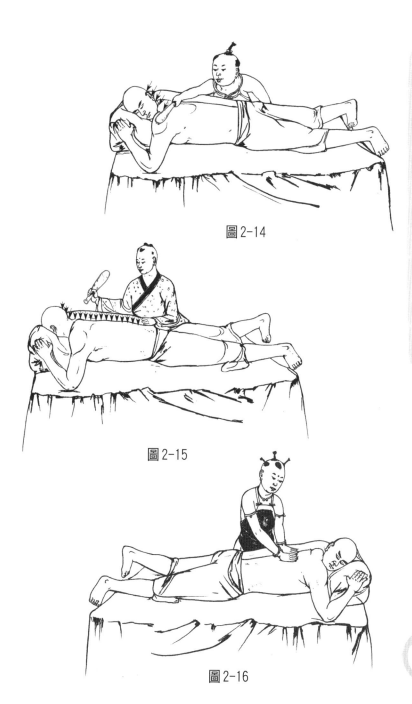

圖 2-14

圖 2-15

圖 2-16

且更密密搗打，揉打周遍，用手遍搓，令其勻潤。如此復百日，則脊後亦堅，督脈亦充盈矣。（圖2-17、圖2-18）

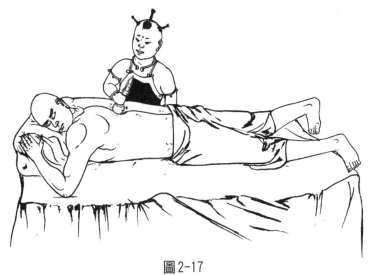

圖 2-17

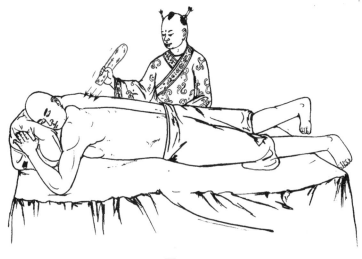

圖 2-18

第七節　秘　法

一、凝神氣穴

功滿周天日數，督任俱充，將行下部功法。自後早間內功，當易歸根復命為凝神氣穴矣。

蓋歸根復命是順其氣，而使之充積，以濟內壯之源。此則提其氣，而使之逆運。內壯之用，順則氣滿，逆則神充，一順一逆，有體有用，方為真正堅固。此際始行者，督任將通，方可施功也。

訣曰：「一吸便提，息息歸臍；一提便咽，水火相見。」

其法仍於黎明時，趺坐至念咒悉如歸根復命，注想臍漿之後，腎堂之前，黃庭之下，關元之間，氣穴之中，為下丹田。

調勻呼吸，鼻吸清氣一口，直入其中，復下至會陰，轉抵尾閭；即用氣一提，如忍大便之狀，提上腰脊，上背脊，由頸直上泥丸，從頂而轉下，至山根入玉池，口內生津；即連津咽入上丹田，並上丹田氣，又一咽入中丹田，並中丹田氣，又一咽入下丹田，是謂一次。又調呼吸又咽，如此二七次畢。仍行法輪自

轉，然後起身。

關元穴在臍下一寸三分，腎主納氣，故為氣穴，玉池舌底生津處也。此法抑命府心穴入於氣穴，故曰水火相見也。

經云：「久視下田，則命長生者此也。」

二、下部行功

功行三百餘日，督任二脈積氣俱充，乃可行下部功法，令其貫通。

蓋人在母胎之時，二脈本通。出胎以後，飲食滯氣，物欲滯神，虛靈有障，遂隔其前後通行之路。督脈自上牙齦上頂，由項後行脊，下至尾閭。任脈自承漿下胸行腹，下至會陰。脈雖貫而氣不相同。今行下部之功，則氣至可以相接而交施也。

此段功法，在於兩處，其目有十。兩處者，一在睾丸，一在玉莖。在睾丸者，曰攢、曰掙、曰搓、曰拍、曰撫。在玉莖者，曰捽、曰握、曰束。二處同者，曰咽、曰洗。

凡攢掙搓拍撫捽握七法，掙則努氣注於睾丸，餘皆用手依二次行功，週而復始，自輕至重，自鬆至緊，不計遍數，仍準一時，每日三次。

咽則將行功之時，鼻吸清氣一口，送至胸；又吸

又咽，並送至腹；又吸又咽，並送至下部行功處。咽三十六口，然後行功。

握之法，必用力努至於頂，方能得力。

洗者，洗以藥水。

束者，洗畢用軟帛束莖根，寬緊適宜，取其常伸不屈，此功百日，督任可通矣。功足氣堅，雖曰隱處，亦不畏槌梃也。

第三章

動　靜　功

第一節　入四肢論

　　下部功足，督任交通，氣充周身，順逆隨意。然手足未堅，何以言壯，故又有諸勢之功也。此段功失傳久矣，所以後人，即以推拉八勢，為引入四肢之法。不知八勢，僅能引氣入手足皮肉之中，而不能引入骨髓之內。蓋動則外行，靜則內運，理之顯然者也。故用十段靜功，運入骨髓，復用十八段動功，運充皮肉。以槌杵堅其外，以丸藥助其內，以洗藥剛其肌膚，以練手功練其指梢，次第行之。

　　自初功後，一年通督任，外易筋膜。二年實骨髓，外易皮肉。三年內外合一，而成金剛之體矣。斯時無形之邪不能侵，有形之物莫能傷，內外兩全，神完守固，誠可以作入聖之基矣。

第二節　靜功十段

　　早間服通靈丸，六十四丸，約將化時，然後以鼻吸氣，注所行功處，以意運氣，從骨縫中行去。切不可努力，若一努力仍與動功無異矣。

　　起初每段數息，漸漸增加，則焚香記時，每段一寸，加至二寸香止。日行三遍。功畢則行打洗神通，暇則仍行觀心洗心諸法，十月功成。既成之後，暇則宜常習之。丸藥每日唯日間服一次。

一、韋馱捧杵

　　注想尾閭上第二節，氣從背上起，直通至指梢。（圖3-1～圖3-3）

二、獨立金剛

　　注想項後一寸三分，氣從足心起，到兩肘梢，通頭頂及上一拳。（圖3-4、圖3-5）

圖3-1

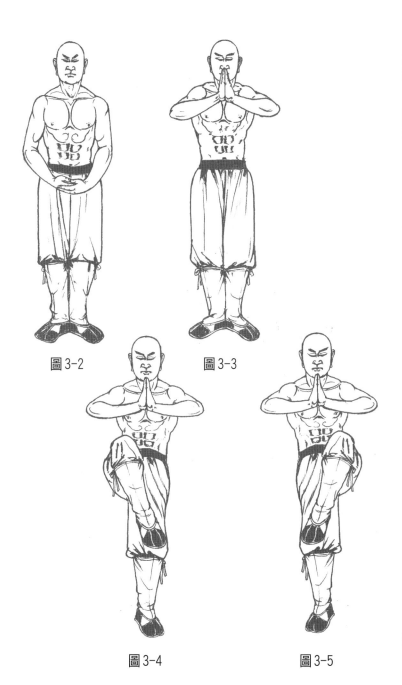

圖 3-2　　　　　　　　圖 3-3

圖 3-4　　　　　　　　圖 3-5

三、降 龍

注想頂後風府穴，氣從腹起，到上單手。（圖
3-6、圖 3-7）

圖 3-6

圖 3-7

四、伏 虎

注想風府穴，氣從背到前肩，由臂到兩拳。（圖
3-8、圖 3-9）

圖 3-8

圖 3-9

圖 3-10

五、天地鼉

注想尾閭之前、腎囊之中，氣從湧泉穴起，直通周身，到頂巔，是為百會之穴。（圖 3-10）

六、虎 坐

注想臍前任脈穴，氣從周身自上至下。（圖 3-11、圖 3-12）

七、龍 吞

注想天靈蓋，氣從足跟起，直上頂巔。（圖 3-13、圖 3-14）

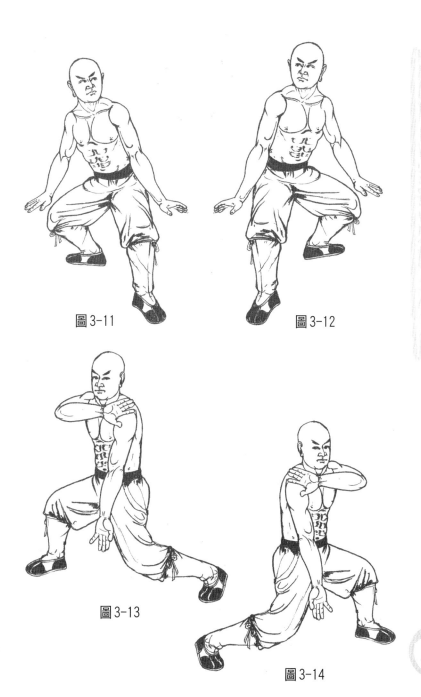

圖 3-11

圖 3-12

圖 3-13

圖 3-14

八、御風渡江

注想臍後，氣從背上起，直通頂上。（圖3-15、圖3-16）

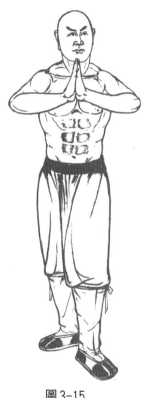

圖3-15

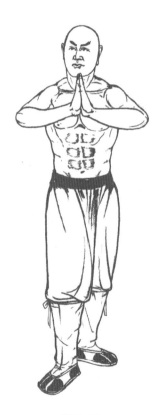

圖3-16

九、回回指路

注想命門腰間，氣從背下，歸至腳底。（圖3-
17、圖3-18）

圖3-17

圖3-18

十、觀 空

注想指圈穴處，氣通周身。（圖 3-19、圖 3-20）

圖 3-19

圖 3-20

少林拳術精義

【打洗神通】

　　每行動靜功畢，皆行打洗法，初用木槌杵，五十日後，用石袋。先從左肩之上勻勻打下，至中指背。又從肩前打至大指背，又打至食指背。又從肩後打至無名指背，又打至小指背。然後從肩打至掌內大指梢，又打至食指梢。又從肩下打至掌內中指梢，又打至無名指梢，又打至小指梢。打畢洗以如意散湯，洗畢以手遍揉，令其自和。打時須依次次第，逐指皆從肩打下，不可倒打。日亦三次，每次一時。功滿百日，其力始透，方行右手，仍準左法，功亦百日。

第三節　動功十八勢

　　靜功既畢，手足骨髓之力已充，復接動功以達皮肉，而合內外。早間仍服通靈丸，功畢仍行打洗法，俱如靜功，日行三次，十月功成；如惜歲月，則靜功百日之後，加入此功，相間兼行亦可。成後亦宜時時習練，久久愈妙。

　　是段功，世多有知之者，而或不全。然即知其全，而無內功以為基，則亦不可行。不究其原，而強行之，恒有阻絕筋脈之患，是所宜省焉。

一、鶴舞勢

　　向東南立，兩足開二尺許，足跟微向外，作坐馬勢。提氣在胸，兩手握固，抬上平肩，屈肱托開；勢極而止，收回推直，以意曳十曳；收回散平按下，如按物難下狀；近地轉腕托上，如托物難上狀。上下各三次。（圖3-21～圖3-28）

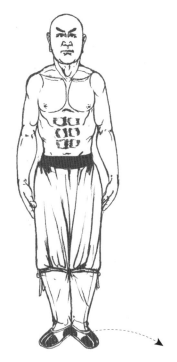

圖3-21

圖3-22

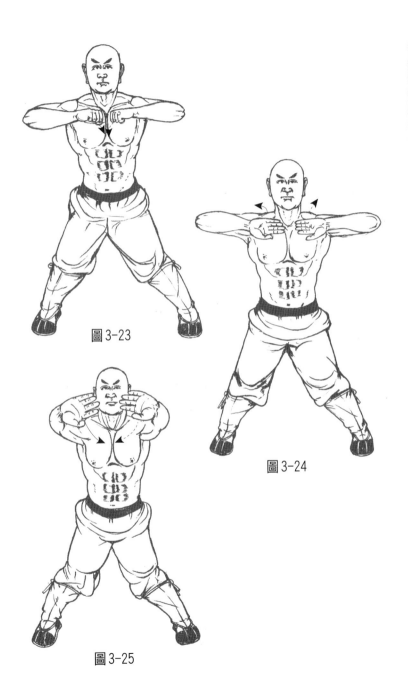

圖 3-23

圖 3-24

圖 3-25

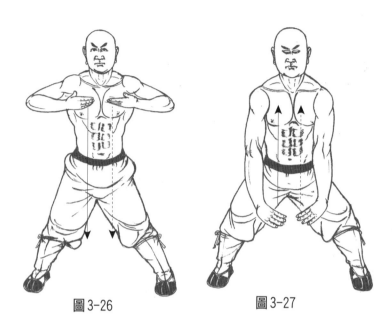

圖 3-26　　　　　　圖 3-27

圖 3-28

二、龍舞勢

立如前；兩手托開，緩緩攀後，屈肱向脅間出，轉腕緩緩推直。如此六次。

三次推出以十指端向上，三次推出以十指端向內。都要手根著力。（圖3-29～圖3-35）

圖 3-29

圖 3-30

圖 3-30附

圖 3-31

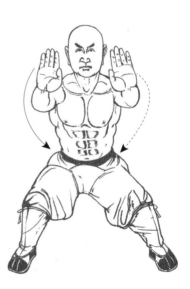

圖 3-32

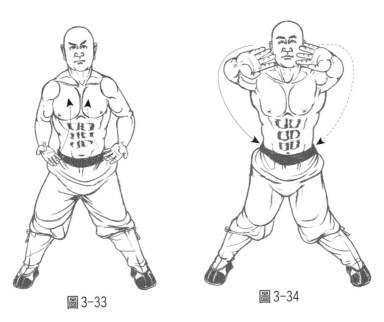

圖 3-33　　　　　　　　圖 3-34

圖 3-35

三、推託勢

立如前；以左手陽面托出後，將右手托開，左右伸直，著力一伸抓緊，緩緩收來。又以右手先出，如左手法，各三次。陰面如陽面法，亦各三次。扭勢轉身，左右手迭推，各三次。（圖3-36～圖3-41）

圖3-36

圖3-37

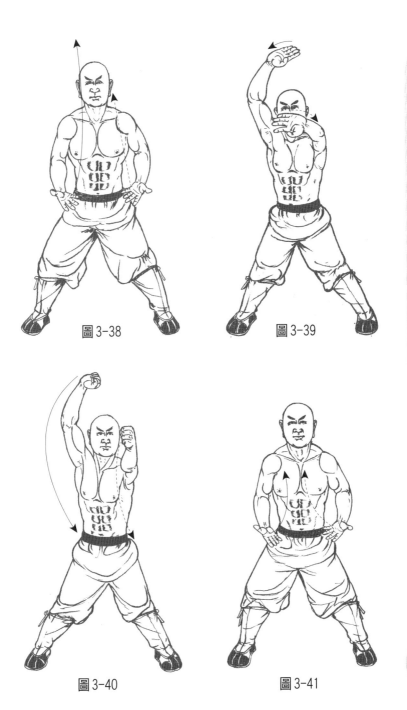

圖 3-38

圖 3-39

圖 3-40

圖 3-41

四、鳳凰單舞勢

立如前；兩手握固，當胸一扭，一手散開托上，一手握固貼乳旁，左右各三次。收來兩手握固，屈肱擎上，分開環轉，向下合攏，散手直推上頂，三轉三推。（圖3-42～圖3-51）

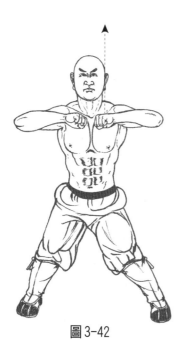

圖3-42

圖3-43

圖 3-44

圖 3-45

圖 3-46

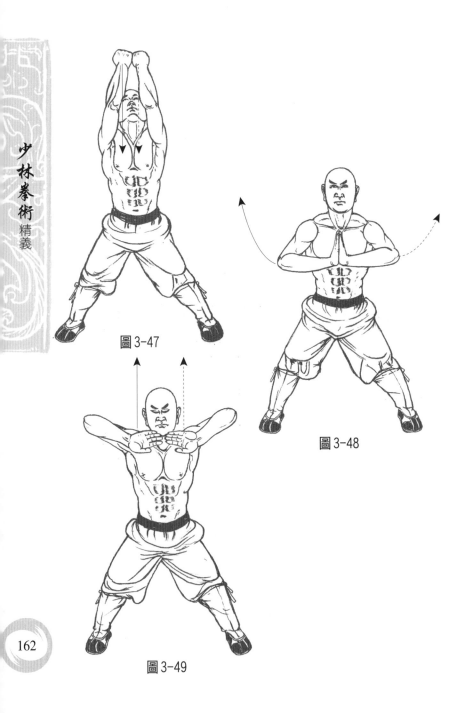

圖 3-47

圖 3-48

圖 3-49

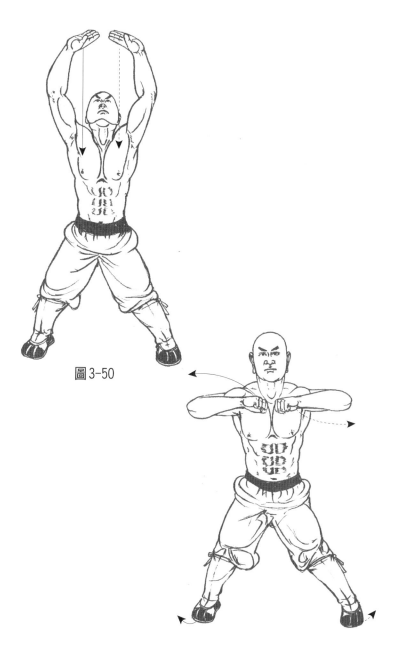

圖 3-50

圖 3-51

圖 3-52

五、虎盼勢

兩足斜立；兩手
握固，當胸一扭，前
手伸直，微屈其肱，
拳亦向內微屈；後手
向後，亦如之。左右
各三次。（圖 3-52～
圖 3-54）

圖 3-53

圖 3-54

圖 3-55

六、轉身勢

即就第五勢收來，轉身先將左手一扭，兩拳伸出，兩肱微屈，如抱物狀。左右各三次。（圖 3-55～圖 3-59）

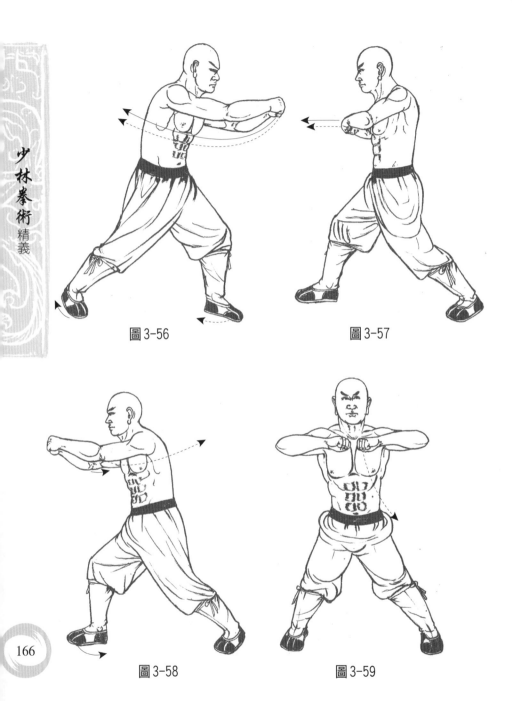

圖 3-56

圖 3-57

圖 3-58

圖 3-59

七、轉環勢

立如第一勢；先左手散開，從內下轉腕，向後環上轉腕，向內三轉一豁，九轉三豁；右亦如之。

又從外下轉腕，向內環上，如上法。又左右雙轉十八轉，從內從外各九轉，加雙豁六豁。（圖3-60～圖3-68）

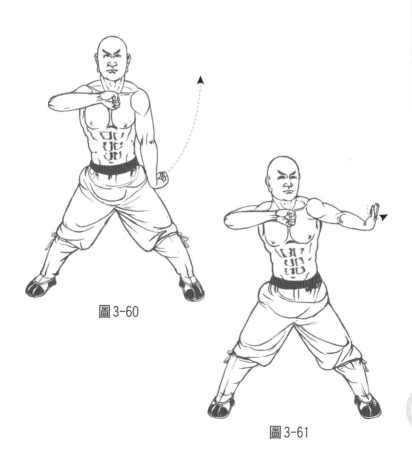

圖3-60

圖3-61

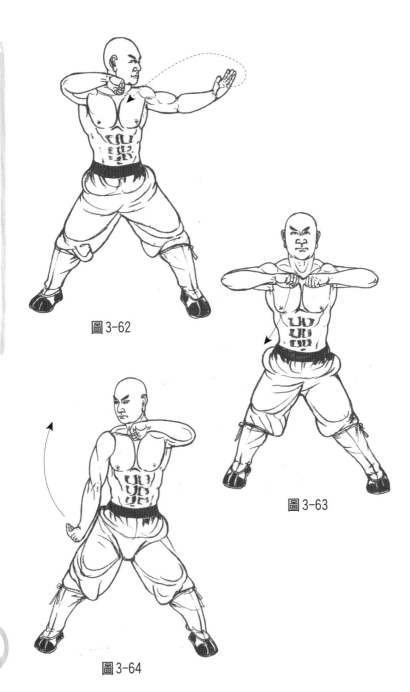

圖 3-62

圖 3-63

圖 3-64

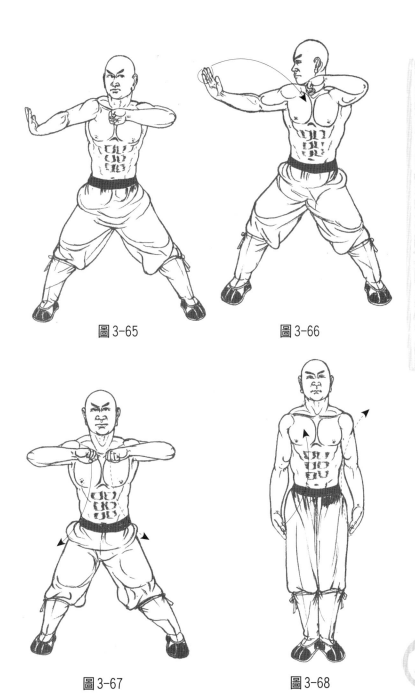

圖 3-65

圖 3-66

圖 3-67

圖 3-68

八、進退勢

正立兩手握固一扭，左足先跨出，左手打直，右手懸胸前，拳打左手尺澤。左手一扭收回，右手打直，右足跨出，左手如右。前進三扭三拳，退後三扭三拳，拳頭向內微屈。（圖3-69～圖3-75）

圖3-69

圖3-70

圖3-71

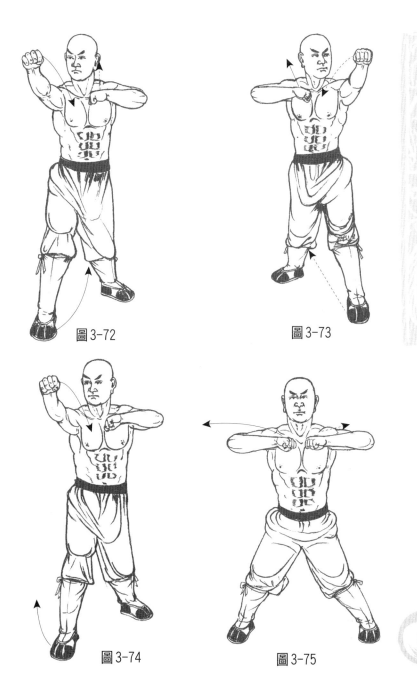

圖 3-72

圖 3-73

圖 3-74

圖 3-75

九、開弓勢

　　立如第一勢，氣歸小腹，兩足不可移動，作開弓勢。右手先向前，注目在前手，第六開大撒手，收回作勢立定，換左手向前。每六開一換，左右各三十六開。（圖 3-76～圖 3-79）

圖 3-76

圖 3-77

圖 3-78

圖 3-79

十、童子拜觀音勢

　　併足立定；以兩手下叉，平臍一按。反手托至頂上，神注泥丸，以意手伸十伸。漸漸向前按下至地，神注湧泉，以意手伸十伸。

　　俟湧泉勢極，然後徐徐立起，轉臂叉下如前。如此十次。（圖3-80～圖3-83）

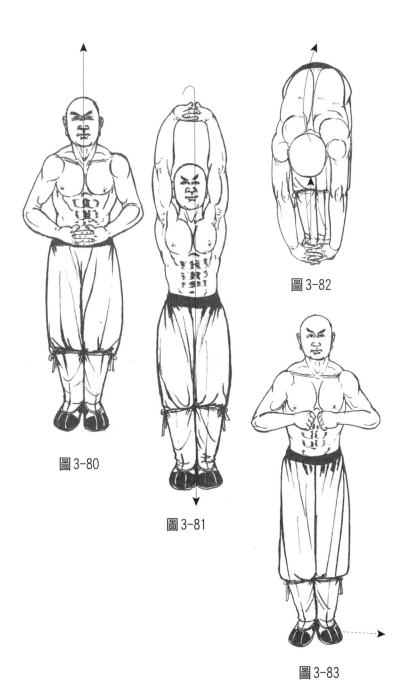

圖 3-80

圖 3-81

圖 3-82

圖 3-83

十一、美女觀蓮勢

前足橫，後足直，如丁字立；兩手握固，作憑欄狀，轉身心口對左足踝，左膝微屈。轉右亦如之。左右各三次。（圖3-84～圖3-88）

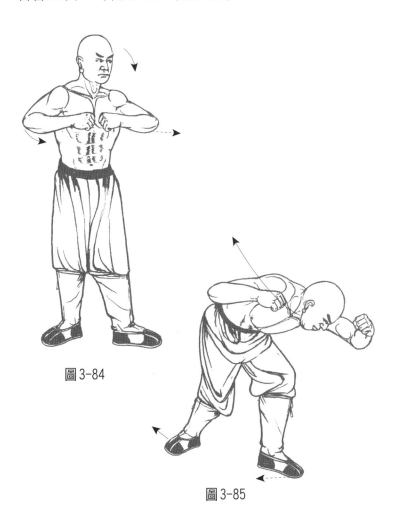

圖3-84

圖3-85

圖 3-86

圖 3-87

圖 3-88

圖 3-89

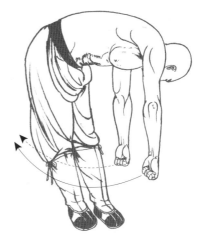

圖 3-90

圖 3-92

圖 3-91

十二、熊顧勢

並足立；兩手握固，拳前伸，臂前垂，身前俯，左右盪之，頭左右轉看尾閭、足跟。三十六次。

（圖 3-89～圖 3-92）

177

十三、隱舉勢

一足立定，一足勾轉按膝
上，坐下立起，左右各三次。
久久骨節靈通，筋脈舒長，可
以一足勾頸上起坐，方為全
功。（圖3-93～圖3-99）

圖3-93

圖3-94

圖3-95

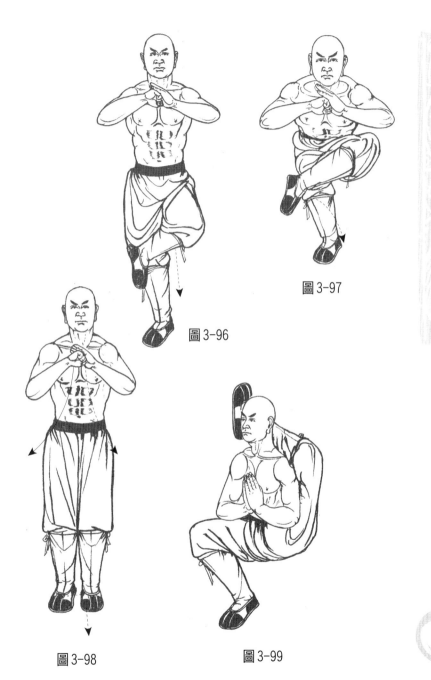

圖 3-97

圖 3-96

圖 3-98

圖 3-99

十四、仙人反背勢

　　兩足一順斜立，將身扭轉，左右轉換，前進三步，退後三步。行之久久，胸可旋轉，反對背後，方為全功。（圖3-100～圖3-117）

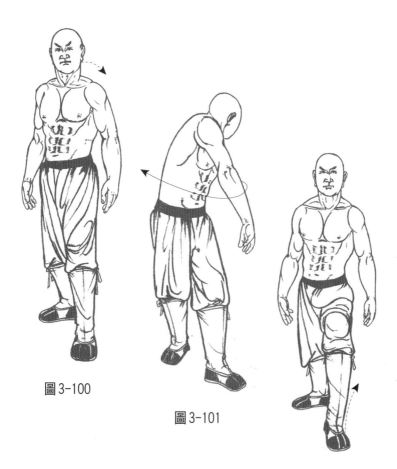

圖3-100

圖3-101

圖3-102

圖 3-103

圖 3-104

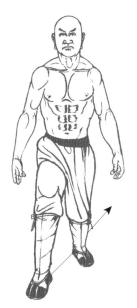

圖 3-105

圖 3-106

圖 3-107　　　　　　圖 3-108

圖 3-109　　　　　　圖 3-110

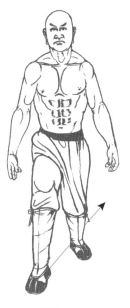

圖3-111

圖3-112

圖3-113

圖3-114

圖 3-115

圖 3-116

圖 3-117

十五、接實勢

一足立定著力，一足將膝屈轉，兩手扳足脛，往下徐蹲著地，膝著地作聲；努力立起。左右各三次。（圖3-118～圖3-125）

圖3-118

圖3-119

圖3-120

圖3-121

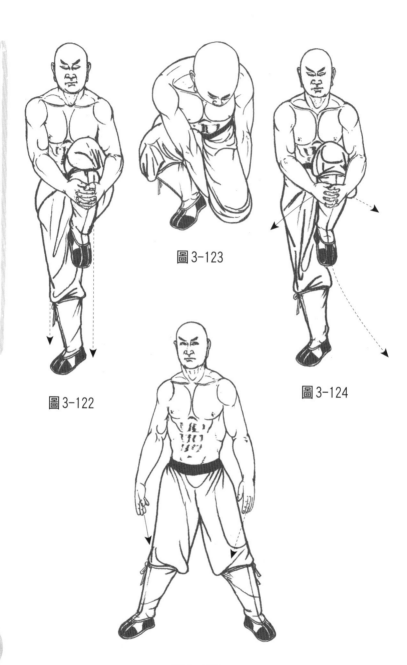

圖 3-123

圖 3-122

圖 3-124

圖 3-125

十六、象立勢

兩足著力，將身左右擺盪；兩手放直，隨盪趁勢旋轉於面前，如轉大輪狀，左右旋轉各三十。又以兩手並掌托上分開，左右圓轉，如機衡狀，由高漸低，由低漸高，身亦隨之起坐十四次。（圖3-126～圖3-135）

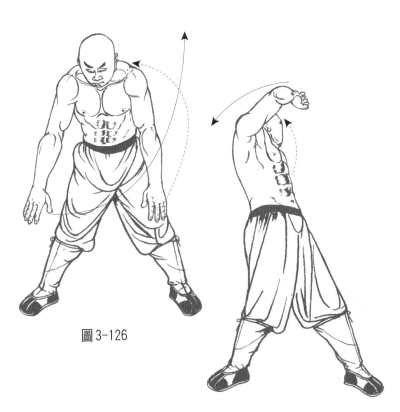

圖3-126

圖3-127

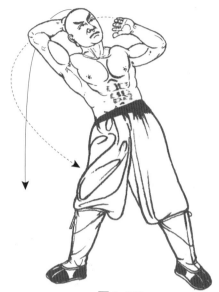

圖 3-128

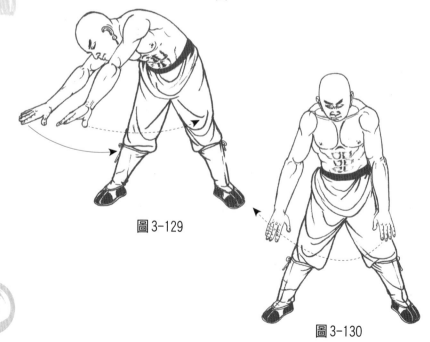

圖 3-129

圖 3-130

圖 3-131

圖 3-132

圖 3-133

圖 3-134

圖 3-135

十七、錦雉舞勢

蹲下，兩手握固，從胯間打下，趁勢掙起，坐起六次。又以兩手握固，貼乳下。兩足立平，將足上舉十四次，始輕後重。更將左手掠舉，將右足勾轉，向內往後斜出蹬之，以足跟著力，左足亦如之，各七次。（圖3-136～圖3-150）

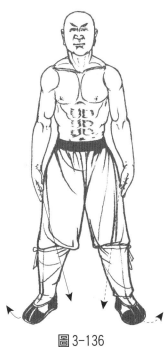

圖3-136

圖3-137

圖 3-138

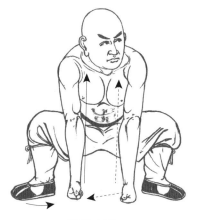

圖 3-139

圖 3-140

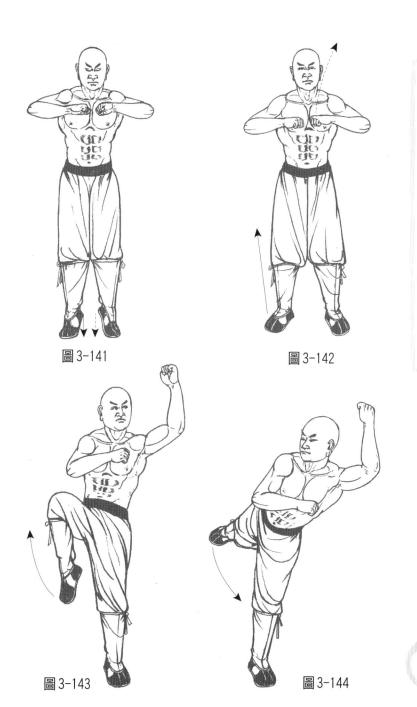

圖 3-141

圖 3-142

圖 3-143

圖 3-144

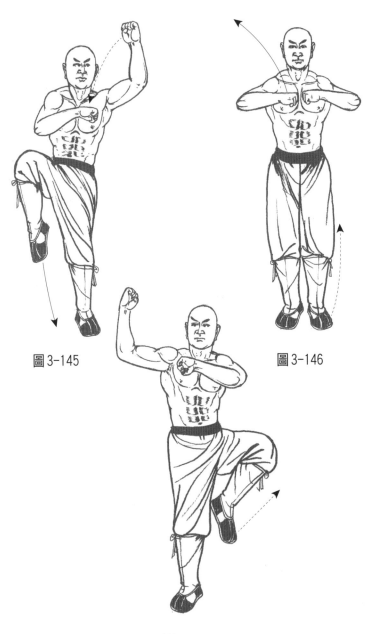

圖 3-145

圖 3-146

圖 3-147

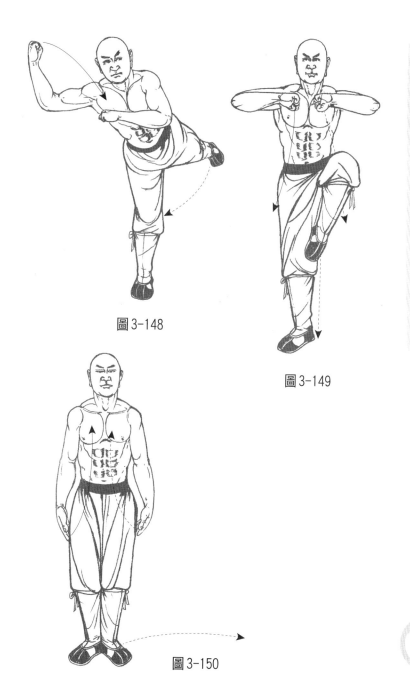

圖 3-148

圖 3-149

圖 3-150

195

十八、鶴立勢

兩手握固，一足立定，以一足灑之，左右各三次，每次各十四灑。（圖3-151～圖3-155）

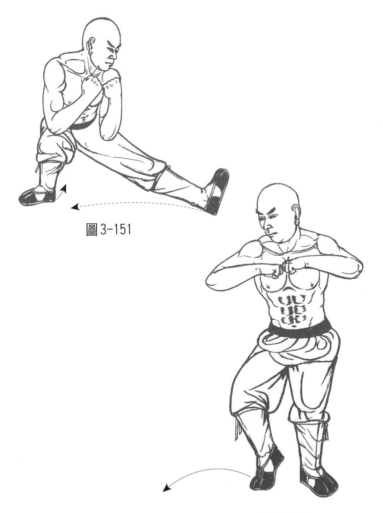

圖 3-151

圖 3-152

圖 3-153

圖 3-154

圖 3-155

少林拳術
精義

第四章

神 勇 圖

第一節　練手餘功

靜功百日加入動功兼行，又二百日，其時靜功已足，氣已透至指梢，可以加入練手餘功，與動功兼行矣。

其法，於每日行功，打洗其如意散湯，須漸熱至大熱，洗畢勿拭，趁熱擺散其掌，令其自乾。擺散之際，努氣至於各指之尖，徐徐伸縮三十六，謂之黃龍探爪法。（圖4-1～圖4-5）

圖4-1

圖4-2

圖4-3

圖4-4

圖4-5

先以黑、綠二豆拌置斗中，以手插豆，不計遍數，初輕後重。（圖4-6、圖4-7）

　　取二豆能解火氣，又取磨礪堅其皮膚。如此二百日，兼置小圓石子插之，至於久久，則從前所積之氣通行至手，其皮肉、筋膜、骨髓相得合一，而無絲毫之浮游。不用時與常人無異，用時意之所至，堅於鐵石。

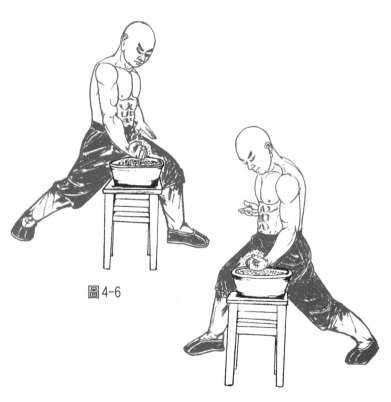

圖4-6

圖4-7

圖4-8

圖4-9

駢指可破牛腹。（圖4-8）

側掌可斷牛頸。（圖4-9）

搖拳可碎虎腦。（圖4-10）

　　蓋其神力從骨髓中出，與世俗外壯迥乎不同故也。至於內外之殊，看筋可辨。內壯者其筋條暢，其皮細膩而力極重。若外壯者其皮粗老，其筋浮於皮外，蟠結如蚯蚓，而力則不神。此可見內壯之所以足貴矣。

圖4-10

第二節　神勇八段錦

內壯既熟，骨力堅凝，引達於外，先練兩手，逾百日，其時十八動功亦已滿足。動靜俱成，內壯完全，外更加此八法，使力充周身。

其法：曰提，曰舉，曰推，曰拉，曰抓，曰按，曰盪，曰墜。

一、提

如圖4-11所示。

圖4-11

二、舉

如圖4-12所示。

圖4-12

三、推

如圖4-13所示。

圖4-13

四、拉

如圖4-14所示。

圖4-14

五、抓

如圖4-15所示。

圖4-15

六、按

如圖4-16所示。

圖4-16

七、盪

如圖4-17、圖4-18所示。

圖4-17

圖4-18

八、墜

如圖4–19～圖4–22所示。

常於大樹之旁，依次行之，週而復始，不計遍數，暇則習之，久久愈神也！

八法若逐字單行，以次相及，更為專精，從其所

圖4-19

便可也。

　此法是用著手實力，與動功虛勢不同，故須於大
樹旁習之。提、舉用石，由輕而重。推則就樹身，
拉、抓、按皆就樹之大枝。盪則攀樹橫枝，懸其身而
盪之。墜則攀枝放手而仰墜，運氣於背，著地即起，
所謂「跌熊臕法」是也。

圖4-20

圖 4-21

圖4-22

第三節　神勇餘功

內外兩全方稱神勇，自後常宜演練，勿輕放逸。不特日精月華，當前不可錯過，而凝神入氣穴，仍須照常行持。至觀心洗心、法輪自轉諸法，亦宜時習，兼行動靜二功。

更擇園林樹木之大且茂處，任意演練八段錦法，兼練兩足踢、蹋、勾、掃諸勢。（圖 4-23～圖 4-76）

或則山野挺立大石，秀潤殊眾者，時就其旁演習之外，如遇有蒼松、古柏、高山、大壑之處，大風、大雨、海奔、泉湧之時，即行練習。

蓋取物之精英，與天地奔溢之氣，助吾精氣，則體更堅固而不搖矣。若是以之應進，則足以建非常之功，足以垂不朽之名。以之出世，則可以完金剛之體，可以入大道之門，豈不是將帥之具，而仙佛之基也哉！

圖4-23

圖4-24

圖4-25

圖4-26

圖4-27

圖4-28

圖4-29

圖4-30

圖4-31

圖4-32

圖4-33

圖4-34

圖4-35

圖4-36

圖4-37

圖 4-38

圖 4-39

圖4-40

圖4-41

圖 4-42

圖4-43

圖4-44

圖4-45

圖4-46

圖4-47

圖4-48

圖4-49

圖4-50

圖4-51

圖4-52

圖4-53

圖 4-54

圖 4-55

圖 4-56

圖 4-57

圖 4-58

圖4-59

圖4-60

圖4-61

圖4-62

圖 4-63

圖 4-64

圖4-65

圖4-66

圖4-67

圖4-68

圖4-69

圖4-70

圖4-71

圖4-72

圖4-73

圖4-74

圖4-75

圖4-76

彩色圖解太極武術

歡迎至本公司購買書籍

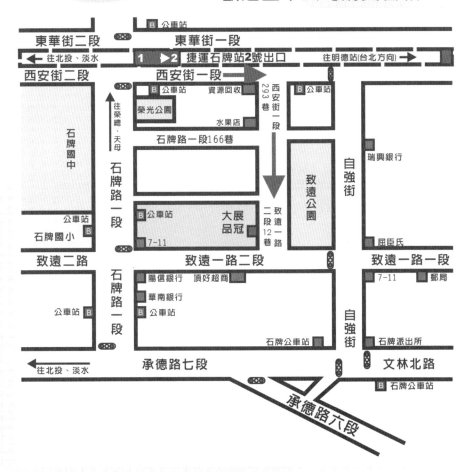

建議路線
1.搭乘捷運・公車
　　淡水線石牌站下車,由石牌捷運站2號出口出站(出站後靠右邊),沿著捷運高架往台北方向走(往明德站方向),其街名為西安街,約走100公尺(勿超過紅綠燈),由西安街一段293巷進來(巷口有一公車站牌,站名為自強街口),本公司位於致遠公園對面。搭公車者請於石牌站(石牌派出所)下車,走進自強街,遇致遠路口左轉,右手邊第一條巷子即為本社位置。

2.自行開車或騎車
　　由承德路接石牌路,看到陽信銀行右轉,此條即為致遠一路二段,在遇到自強街(紅綠燈)前的巷子(致遠公園)左轉,即可看到本公司招牌。

國家圖書館出版品預行編目資料

少林拳術精義／張大用　祝文瀾　原著　三武組　整理
——初版，——臺北市，大展，2020〔民109.06〕
面；21公分 ——（武術秘本圖解；9）
ISBN 978－986－346－299－6（平裝）

1. 少林拳

528.972　　　　　　　　　　　　　　　109004634

少林拳術精義

原　　著／張大用　祝文瀾
整　　理／三武組
責任編輯／何宗華
發 行 人／蔡森明
出 版 者／大展出版社有限公司
社　　址／台北市北投區（石牌）致遠一路2段12巷1號
電　　話／（02）28236031・28236033・28233123
傳　　眞／（02）28272069
郵政劃撥／01669551
網　　址／www.dah-jaan.com.tw
E - mail／service@dah-jaan.com.tw
登 記 證／局版臺業字第2171號
承 印 者／傳興印刷有限公司
裝　　訂／佳昇興業有限公司
排 版 者／弘益電腦排版有限公司
授 權 者／安徽科學技術出版社
初版1刷／2020年（民109）6月

定　價／280元

大展好書　好書大展
品嘗好書　冠群可期